습관은 반드시 실천할 때 만들어집니다.

좋은습관연구소가 제안하는 27번째 습관은 바로 우리 주변에서 흔히 볼 수 있는 작은 자산가 현주씨의 이야기입니다. 사실 15억은 그리 큰돈은 아닙니다. 강남의 아파트 한 채 값도 안 되는 돈이니까요. 하지만 우리 주변에 은행 빚 없이 100% 자기 소유의 집을 갖고 있고, 현금이나 주식으로 몇억 원을 굴리는 사람이 얼마나 있을까요? 아마 이 정도로 여유 있는 분이라면 우리가 '작은 부자'라 불러도 무방할 것입니다. 그리고 실제로 이런 사람들이 우리 같은 서민이 따라 해야 할 롤 모델일지도 모릅니다. 100억 부자 대신 15억 부자. 15억 부자 현주씨는 어떻게 결혼도(늦은 결혼이지만) 하기 전에 그 같은 성취를 할 수 있었을까요? 그녀의 좋은 습관을 따라가 보겠습니다.

국민경제멘토 김경필이 알려주는

15억 작은 부자
현주씨의 돈 관리 습관

김경필 지음

좋은습관연구소

자수성가형 작은 부자의 365일, 그들의 좋은 습관을 따라 하다

얼마 전 시행된 대국민 설문 조사에서 부자의 기준을 묻는 질문에 응답자의 38.8%는 총자산 10억 이상이면 부자라고 답했으며, 19.8%는 20억 이상, 또 14%는 30억 이상이면 부자라고 답했다. 설문 조사 결과를 보게 되면 사람들이 생각하는 우리 사회의 당당한 부자란 결국 상속형 부자보단 자신의 노력으로 성공한 자수성가형 부자임을 알 수 있다. 사실 자산이 수백억에서 수천억이 넘는 부자는 드물어도 몇십 억 정도의 자수성가형 부자라면 우리 주변에서 얼마든지 찾을 수 있다.

그런데 비슷한 수준의 부자를 꿈꾸는 사람들에게 "그들(자수성가형 부자)이 실제로 어떻게 부자가 되었는지 아느냐?"라는 질문을 던져보게 되면 답변하는 사람들 대부분은 인생의 어떤 보이지 않는 행운이 그들을 부자로 만들었다고 말한다. 물론 맨손으로 시작해 지금의 경제적 안정을 이룬 부자들의 이야기에는 어김없이 극적인 스토리나 어떤 행운이라는 것이 있었다. 하지만 행운만이 전부였을까? 사실 알고 보면 그런 행운도 하루아침에 하늘에서 뚝 떨어진 것은 아니었다. 그들의 행운 뒤에는 좋은 습관이 있었다.

성공한 자들의 공통점: 좋은 습관 = 작은 습관

좋은 습관 하면 항상 떠오르는 세 가지가 있다. 바로 공부, 운동, 저축이다. 이 세 가지를 꾸준히 하면 좋다는 것쯤은 삼척동자도 아는 사실이지만, 내 몸에 익히는 것은 생각 이상으로 어렵다. 그래서 해가 바뀔 무렵이면 항상 새해 결심 메뉴에 단골처럼 등장하는 것이 공부, 운동, 저축이다. 그런데 남들이 만들기 어렵다는 이 습관을 죄다 장착한 분들이 있다. 그들은 예외 없이 부자거나 존경받는 인생을 사는 사람들이다. 이분들에게 어떻게 그렇게 좋은 습관을 가질 수 있게 되었느냐, 어떻게 꾸준함을 유지할 수 있게 되었느냐 물어보면, 처음부터 아주 단단한 의지가 생겨서 그런 것이 아니라 아주 작은 것부터 시작해서 조금씩 강도와 빈도를 올려 좋은 습관으로 만들었다고 말한다.

이런 식의 습관 부자들은 운동선수들에게서 많이 찾아 볼 수 있다. 세 번의 사이영상 수상과 200승 투수 중 최고 승률, 3천 탈삼진 등 메이저리그 역사상 가장 위대한 투수 중 한 명으로 손꼽히는 페드로 마르티네스. 그는 경기가 있든 없든 날마다 똑같은 자신만의 루틴을 갖고 연습했던 것으로 유명하다. 많은 기자와 전문가들는 그에게 외계인이란 별명을 붙여 주며 천재형 선수로 평가하곤 하지만, 정작 그는 천재라는 세간의 평가를 탐탁지 않게 여겼다. 그는 자신의 성공 비결을 '선수 생활 동안 한 번도 놓치지 않고 지속한 자신의 습관' 때문이라고 했다.

그는 한 인터뷰에서 이제는 야구 명언이 되어버린 이런 말을 남겼다. "나의 실력을 재능으로 말하는 전문가를 보면 화가 난다 그동안 내가 흘려 온 땀과 노력이 아까워서이다." 이 말 속에는 마르티네스가 자신의 성공 비결로 무엇을 내세웠는지가 분명하게 드러난다. 이처럼 진짜 좋은 습관은 재능을 통해서 만들어지는 것도 아니고, 어떤 한순간의 노력으로 만들어지는 것도 아니다. 오랫동안 같은 노력을 반복할 때 만들어진다. 그러기 위해서는 반복의 과정이 고통스럽지 않아야 한다. 마르티네스도 '땀과 노력'이라고 비유했지만, 매일 모든 것을 쏟아붓는 고통스러운 노력이라기보다는 자신의 컨디션을 최상의 상태로 유지할 수 있는 루틴이었다. 다만 남들이 봤을 때는 엄청난 훈련량을 소화하는 것이었지만, 자신에게는 일상의 반복을 꾸준히 해내는 것일 뿐이었다.

결론적으로 말해 좋은 습관이란 스스로 습관이라고 인지하지 못할 때 가장 빛난다고 할 수 있다. 그래야 습관에 대한 거부감이 생기지 않고 꾸준히 지속할 수 있다. 그러려면 아주 작은 것부터 시작해서 서서히 내 몸이 받아들일 수 있도록 하는 것이 중요하다.

15억 작은 부자 현주씨의 좋은 습관

돈을 잘 모으고 또 그 돈을 잘 불려 지금의 자수성가형 부자가 된 사람들이 있다. 그들의 성공에도 어김없이 좋은 습관 바로 '작은 습관'이 존재한다.

박현주 수석(44세, D 건설)은 20년 차 직장인이다. 3년 전에 남편을 만나 늦은 결혼을 하기 전까지 주변에서는 그녀를 '골드 싱글'로 불렀다. 그녀에게 '골드' 타이틀이 붙은 것은 능력을 인정받는 간부이기도 했지만, 무엇보다 재테크에 성공해서였다. 결혼할 당시 그녀의 자산은 15억 원에 육박했는데 외벌이 직장인으로는 모으기 쉽지 않은 금액이었다. 당시 전세 아파트에 살고 있으면서 작은 평형의 아파트와 오피스텔에서 월세를 꾸준히 받고 있었고, 해외 주식에도 관심을 갖고 꾸준히 투자하고 있었다. 투자금도 3억 원이 넘는다고 했다. 아무리 미혼이지만 월급만 가지고서 이런 자산을 만들기가 쉽지 않았을 텐데, 그녀는 어떻게 해서 부자가 되었을까?

마치 특별한 비법이 있는 것 같지만 알고 보면 평범했다. 꾸준히 모으고, 모은 돈을 적절한 타이밍에 맞춰 부동산이나 주식에 지속적으로 투자해 온 것이 전부였다. 하지만 목표에 대한 집중력이 뛰어났고 멈추지 않고 계속 시장을 탐색했다는 점이 이채로웠다. 그리고 기회가 있을때마다 망설이지 않고 과감한 결단으로 투자를 결정했다. 매스미디어에서 떠드는 얄팍한 정보를 듣고서 여기저기 투자한 것이 아니라 자신만의 확고한 투자 원칙을 갖고서 모든 의사결정을 했다.

바쁜 직장 생활을 하면서도 수많은 정보를 탐색하고 소위 '촉'이라 불리는 훌륭한 판단력을 가질 수 있었던 배경에는 두꺼운 가죽 커버의 다이어리가 있었다. 그녀는 자신의 통찰력은 바로 신입사원 시절부터 써온 다이어리에서 나온다고 했다. 한 번은 그녀의 다이어리를 본 적 있는데, 온갖 숫자와 메모들이 빼곡했다. 처음에는 그날 그날 있었던 일을 적는 일기 수준이었다가 가계부를 쓰게 되면서부터는 일기와 가계부가 합쳐졌다고 했다. 더 나아가 경제 공부를 위한 메모도 포함되고, 또 언젠가부터는 업무에서 개선해야 할 점을 적고 나중에 무엇을 학습해야 할지 체크하는 용도로까지도 발전되었다고 했다.

실제로 그녀의 다이어리에는 여러 신문 기사나 경제 칼럼 그리고 꼭 공부하고 알아야 할 용어나 아이디어가 가득했다. 그 내용이 꽤 많고 어려워 보이기도 했다. 벼락치기로 이 많은 내용들이 정리되었을 리는 없고, 이야기를 들어보니 역시 짐작대로 매일 조금씩 틈나는 대로 10년 넘게 유지해온 습관이었다. 결국 다이어리를 쓰는 메모 습관이 부자가 될 수 있는 좋은 습관으로 진화한 것이었다. 그녀는 가계부를 쓰거나 지출을 줄이기 위한 노력에만 국한하지 않고 쓸데없이 새는 돈이 생기지 않도록 사전에 철저한 예산과 예비 자금을 모으고 비정기 지출에 대한 계획까지도 다이어리를 통해 실천하고 있었다. 그녀를 부자로 만든 것은 한마디로 다이어리로 축적된 좋은 습관 때문이었다.

필자의 좋은 습관: 경제지표 메모

필자도 그녀처럼 지난 8년간 하루도 빠짐없이 매일 같이 반복하는 작은 습관이 있다. 바로 매일 바뀌는 그날의 경제지표를 메모하는 일이다. 이 메모를 기록하는 일은 매일 1분씩만 투자하면 누구나 할 수 있는 어렵지 않은 일이다. 하지만 이 일을 지속하면서 얻게 되는 영감은 상상 이상으로 크다.

경제지표는 하루 사이의 변동폭은 크지 않지만 반복해서 기록하다 보면 머릿속으로 지표들의 추세가 동영상처럼 보이기 시작하고, 결국에는 나만의 인사이트로 연결된다. 그리고 순간순간 떠오르는 의문에 대해 추가적인 공부를 하게 되는 동기부여의 효과도 준다. 즉, 누가 시켜서 하는 공부가 아니라 스스로 하게 되는 진짜 공부로 이어진다. 그리고 무슨 정보를 듣더라도 뻔한 공식과 누구나 할 수 있는 예상이 아니라, 남과 다른 생각을 하도록 도와 준다. 결국 책을 읽고 공부를 한다고 해서 인사이트가 만들어지는 것이 아니라, 일상에서의 사소해 보이는 작은 습관이 더해질 때 좋은 발상과 새로운 해석으로 연결된다고 말할 수 있다.

나는 이 책에서 현주씨를 비롯해 현주씨의 주변 동료들 그리고 내가 만나고 상담했던 부자들과 곧 부자가 될 것 같은 사업가와 직장인들로부터 들은 이야기들을 옮겨보았다. 그리고 그들이 평소 어떤 생각을 하고 어떤 마음으로 돈을 모았으며, 어떤 판단으로 돈을 투자했는지, 그들의 좋은 판단력과 돈 관리능력은 어디에서 비롯된 것인지 관찰하고 기록했다. 결론적으로는 성공요인으로 뽑은 여러 습관들을 성취력, 결단력, 통제력, 저축력 이렇게 4가지 영역으로 나누고 설명해보았다.

이 책에서 제안하는 습관들은 너무 거창해서 따라 하기 어려운 것이 아니라 앞에서도 얘기한 대로 누구나 따라 할 수 있는 작은 습관들임을 기억해주었으면 한다. 시중에는 수많은 재테크와 자기계발 관련 책이 있고, 내용을 보자면 너무나 주옥같은 좋은 방법들이 넘쳐날 정도로 많다. 하지만 99%의 독자는 내용에는 공감하지만 책을 덮는 순간 아무것도 실천하지 못하는 상태로 머물고 만다(정말로 책을 읽고 나서 책에 나오는 대로 실천하는 사람은 100명 중에서 한 명뿐이다. 나머지 99명은 끊임없이 부자가 되는 방법을 알려준다는 책만 사고 있다). 그것은 성공의 끝 그러니까 성공의 결론만을 보기 때문에 그렇다. 이제 우리는 성공의 결말이 아니라 성공이 어디에서 시작되었는지 그 시작점에 주목해 보려고 한다. 그래야만 돌아서면 어느새 나와는 동떨어진 이야기가 되어버리는 것이 아닌 실제로 나 자신을 변화시킬 수 있는 인사이트로 만들 수 있다.

세상에는 단 하나의 성공 방법만 있는 것은 아니다. 아래 격언처럼 책을 읽는 것에만 머물지 말고, 실제로 행동하는 여러분이 되길 간절히 바래본다.

"영감을 기다리며 시간을 낭비하지 말라. 일단 시작하라. 그러면 영감이 당신을 찾아갈 것이다."

차례

3부. 통제력

지출 통제와 예산 관리는 한몸이다

4부. 저축력

종잣돈 만드는 방법을 무조건 익혀라

1부

성취력

동종 업계 최고 연봉을 목표로 하라

1. 부자가 누리는 것만 보지 말고, 부자가 되는 과정을 보자

부자가 되어 누리는 온갖 명품과 멋진 차에 값비싼 물건을 생각해서는 안 된다. 그건 부자가 된 다음에 생각해도 늦지 않다. 지금은 어떤 과정을 거쳐 부자가 되었는지에 집중해야 한다.

언젠가 TV 프로그램에서 우리나라에 거주하는 외국인이 출연해서 한국인에게 느낀 이해할 수 없는 문화를 주제로 하는 토크를 본 기억이 있다. 한 외국인은 이런 말을 꺼냈다. "한국 사람들은 하나같이 부자를 꿈꾼다. 참 이상한 일이다. 부모가 큰 부자도 아니고 자신의 처지로는 쉽게 될 수 없음을 알면서도 부자가 되고 싶다는 말을 입에 달고 산다." 그는 심지어 새해 인사로 서로에게 "부자 되세요!"라는 말을 듣고도 처음에는 놀랐다고 했다.

경제나 재테크 강연 뒤에 청중에게서 자주 듣는 단골 질문 중 하나가 바로 "어떻게 해야 빨리 부자가 될 수 있나요?"라는 물음이다. 부자가 되고 싶다는 열망에 문제가 있다고 말하고 싶은 것은 아니다. 하지만 문제는 '빨리'다. 이런 분들에게 "부자가 되기 위해서는 오랜 시간이 필요하다"라고 조언하면 나를 실력 없는 사람으로 생각한다. 대신 누가 얼마 만에 부자가 되었다는 정보를 입수하면 상황 판단도 미룬 채 그것에만 매달려 따라 하기에 급급하다. 그렇지만 결국은 얼마 동안 흉내만 내다가, 이게 아닌 가 보다 하고는 또다시 다른 부자의 신기루를 좇는다. 그러니 언제나 원점 주변만 맴돌고 있을 뿐이다. 그래서 내가 내린 결론은 이렇다. "사람들은 언제나 부자의 끝만 생각하고, 오래도록 인내할 마음은 없고 부자 흉내 놀이에만 빠져 있다."

오랫동안 많은 사람들을 만나고 그들이 성장하고 발전하는 모습을 지켜봤지만 세상에 어떤 일이든 하루아침에 뚝딱 이루어지는 성공은 없었다. 하물며 부자가 된다는 것은 더더욱 그렇다. 재벌집에서 태어나 금수저를 입에 물고 나오지 않는 한 부자는 그렇게 쉽게 될 수 있는 것이 아니다. 부자는 결국 오랜 습관이 만들어 낸 시간의 산물이다. 물론 사람에 따라 이 시간을 불과 몇 년으로 압축하는 경우도 있다. IT 기술을 바탕으로 한 스타트 업 창업가들이 이런 케이스라 할 수 있다. 하지만 한 사람의 유니콘 창업자가 탄생하기까지 수많은 다른 창업가들의 실패를 생각하면 누구나 이런 케이스의 주인공이 될 수 있다는 것을 기대하기는 어렵다.

그럼에도 많은 사람들은 부자가 되기까지 엄청난 노력과 운, 시대적 환경 등은 보지 않고, 그저 "나도 저 사람처럼 부자가 되고 싶다"라는 말만 입에 달고 다닌다. 그런 사람 치고 부자가 되는 경우는 극히 드물다. 부자에 대한 열망이 강할수록 부자의 화려한 면만 본다. 즉, 부자가 사는 멋진 집, 부자가 타는 고급 차, 부자의 옷이나 보석 등 외적으로 드러난 멋지고 화려한 것에만 매료되어 부자가 되고 싶어 한다. 그러니까 정확히 말하자면, 부자가 걸어간 성공의 길을 배우고자 하는 열망보다 부자가 갖고 있는 멋진 물건에 열망이 더 크다고 할 수 있다.

그러나 내가 만나본 자수성가형 부자들은 부자를 목표로 하거나 부자를 꿈꾸지 않았다. 오히려 자기 일에서의 성공을 목표로 했다. 그들은 성공을 위해 오래도록 많은 것을 포기해 온 사람이었다. 한마디로 많은 대가를 지불하고 그 자리에 오른 사람이었다. 그러니 정말 부자가 되고 싶다면 그들이 어떤 대가를 지불했는지 또 그것을 위해 어떤 습관을 실천해 왔는지 알아야 한다. 그것을 알고 싶어하고 그것을 배우고 따라하고 싶어할 때 비로소 나에게도 부자의 자격이 주어진다.

화려함보다는 성공을 열망하는 사람이 부자가 된다는 증거는 세계 최고 부자들만 봐도 쉽게 알 수 있다.

1위.   일론 머스크(테슬라, 스페이스X, 트위터 총수)

2,758억 달러(한화 385조 8,600억 원)

3위.   제프 베조스(아마존닷컴 이사회 의장)

1,672억 달러(한화 217조 2,500억 원)

5위.   빌 게이츠(마이크로소프트 창업자)

1,130억 달러(한화 146조 8,200억 원)

7위.   워런 버핏(버크셔 해서웨이 회장)

1,024억 달러(133조 510억 원)

16위.   마크 저커버그(메타 CEO)

641억달러(83조 2,900억 원)

- 2022년 포브스 발표, 세계 부자 순위 중에서

리스트를 보게 되면 이들의 공통점이 하나같이 단순히 '부자가 되는 것'에 있지 않았음을 알 수 있다. 이들은 자신이 하는 일에서 최고가 되기 위해 오랫동안 열정적으로 일하고 노력을 경주한 분들이다. 워낙 대단한 분들이라 나와 비교하기에는 너무나 먼 얘기라 생각할 필요는 없다.

실제 우리 주변에는 재테크를 잘해서 100억 자산가가 된 사람보다 사업을 잘해 100억 자산가가 된 사람이 훨씬 많다. 조금만 고개를 돌려 생각해보면 알 수 있는 일이다. 그리고 재테크로

100억의 자산을 가진 분들도 자세히 살펴보면 자신의 재테크 방식을 시스템으로 고착화하고 반복 재생산하기 위해 엄청나게 노력을 기울였다(사업으로 접근했다). 투자도 사업적인 접근으로 일심을 다했지, 일하다가 남는 시간을 쪼개 투자했다거나 하지 않았다. 그러니 이분들에게 재테크는 곧 자기 일이었다. 이렇게 생각하면 결국 자기 일에서 최선을 다해야만 최고가 될 수 있다는 것만 결론으로 남게 된다.

우리나라 사람들은 부자의 화려한 면만 동경하고, 그들에게서 무언가를 배우려는 것에는 매우 인색하다. 그리고 부자의 꾸준한 노력과 습관을 보기보다는 운과 같은 한 방, 혹은 전략적 선택에만 관심을 갖는다. 그리고 성실한 노력 끝에 그 위치에 오르게 되었다는 긍정적 요인보다 마치 정당하지 않은 방법(일종의 편법 같은)으로 부자가 되었을 거라고 추측한다. 즉, 부자가 가진 부는 부러워하지만 부자에게서 무언가 배울 점이 있다는 생각은 잘 하지 않는다. 그저 편법 같은 게 없나 살펴보고 이를 따라 할 생각만 한다. 더욱이 부자들이 되는 데 필요한 핵심적인 사항, 피눈물 나는 노력은 나도 안다고 생각하고 대충 넘어가 버리고, 일종의 팁에만 관심을 갖는다. 하지만 반드시 이걸 알아야 한다. 팁은 기본이 있는 다음에야 그 효과를 발휘할 수 있다는 사실을 말이다.

우리나라는 명품 공화국이라고 해도 과언이 아닐 정도로 세계 최고급 명품 브랜드들이 모두 진출해 있는 시장으로 유명하다. 과거에는 명품이 부자들의 전유물처럼 느껴지던 때도 있었다. 하지만 지금은 명품을 소유하는 것이 아주 흔한 일이 되었다. 사실 진짜 부자들은 그들이 가진 재산에 비해 그렇게 많은 명품을 소유하지 않는다. 세계 16위 부자인 마크 저커버그는 어디서나 청바지나 티셔츠 차림의 수수한 옷차림으로 유명한데, 그 옷들 또한 비싼 브랜드가 아니라 중저가 브랜드 제품이다. 인간의 욕망이란 나의 능력으로 갖지 못하는 것을 보았을 때 너무나도 갖고 싶은 열망으로 가득 차지만, 정작 그것을 언제든 가질 수 있게 되면 되레 흥미를 잃어버린다. 그래서 진짜 부자들은 머리부터 발끝까지 온통 명품으로 치장하는 그런 행동은 하지 않는다.

작년에 취업에 성공한 월급 300만 원에 평범한 남성 직장인 형배씨, 외제차를 타고 싶다는 생각에 자신 월급에 3분의 1이나 되는 할부금으로 B사에서 판매하는 가장 작은 차량 하나를 구입했다. 그런데 그는 키가 180㎝이나 되어서 작은 차에서 타고 내리는 모습이 영 어색하기만 하다. 직장생활 3년 차로 월급 270만 원을 받는 여성 직장인 주연 씨, 멋진 모임에 핵인싸를 꿈꾸며 거금 수백만 원을 들여 명품 코트와 명품 백을 구입했다. 하지만 출퇴근하며 입고 다닐 수 없다 보니 비싼 물건들을 실제 사용하는 날은 정말 손에 꼽을 정도가 된다.

부자 흉내를 내는 것은 멋지다는 생각이 들기보다는 왠지 안쓰럽다는 생각이 든다. 멋지다는 것은 있는 척을 할 때 드러나는 것이 아니라 능력이 있어도 그 능력을 다 사용하지 않을 때 '진정으로' 드러난다. 누구나 부러워하는 성공한 부자지만 자전거를 타고 출퇴근하며 수수한 옷차림으로 직원들과 커피 한 잔을 나누는 부자가 진짜 부자다.

2. 부자의 시작은 안정된 월급에서부터

가장 중요한 재테크는 월급이다. 투자가 아니다. 높은 연봉을 받는 것이 최고의 재테크 임을 잊어서는 안 된다. 내가 하는 일에서 "최고"라는 평가를 받고 있나? 일단 출발점은 여기서부터라는 것을 잊지 말자.

앞서 부자의 삶을 선망하는 사람이 부자가 되는 것이 아니라 자신이 하는 일에서 최고가 되어야 부자가 된다고 했다. 돈을 불리는 재테크 기술이라 할 수 있는 좋은 판단력과 관리력이 중요한 것은 사실이지만, 그에 앞서 자신의 소득이 안정적으로 꾸준히 늘어나는 것이 더 중요하다. 그러니 일단 뭔가 특별한 비법이나 별다른 투자법을 찾는 것에 앞서 일단 내 일에서 최고 연봉을 받는 노력부터 해야 한다.

앞에서는 세계 최고의 부자를 언급했지만, 우리 주변의 자수성가형 부자들도 결국에는 안정된 소득 즉, 월급에서 출발했다 (서문의 현주씨를 기억해 보라). 다시 한 번 강조하지만, 재테크의 시작 그리고 부자의 시작도 안정된 월급에서 비롯된다는 것을 잊어서는 안 된다. 안정된 월급이 없으면 소위 '투자 인내'를 발휘하지도 못하고, 큰 판단을 내리지도 못한다. 누구나 알고 있는 정보나 거짓 정보에 마음을 빼앗기게 된다. 그러면 투자 실패 확률은 올라간다.

무슨 일이든 똑 부러지게 하는 사람이 재테크도 잘하기 마련이다. 하물며 자기 일에 야무지지도 못한 사람이 유독 좋은 판단력과 관리 능력을 갖고서 재테크를 잘 한다고 말하기는 어렵다. 같은 일을 하더라도 경제적인 필요를 채우기 위해 일하는 것보다는 자신의 일에 최고가 되기 위한 자세를 갖고 노력하는 사람이 훨씬 부자가 될 가능성이 높다. 이 말은 아침에 일찍 일어나는 사람이 모두 성공하는 것은 아니지만, 성공하는 사람들 대부분은 일찍 일어난다는 말과도 일맥상통한다. 즉, 자신이 하는 일에서 최고가 되는 것은 부자의 공통분모라 할 수 있다.

세상 모든 일이 그런 것은 아니지만 우리가 하는 일의 대부분은 경제(돈)와 연관되어 있다. 직장인이든 자영업이든 전문직이든 마찬가지다. 직장인이라면 자신이 속한 기업이 돈을 벌어야 월급을 받을 수 있으며, 기업도 재화나 서비스를 팔아야 생존할 수 있다. 인사, 총무, 재무, 생산, 홍보, 마케팅, 영업 등 모든 조직은 돈을 벌기 위해 존재한다. 자영업이나 전문직도 별다르지 않다. 세상 어떤 일도 경제 개념 없이 할 수 있는 일은 없다. 그것을 직접 하든 아니면 기업이란 조직 안에서 하든 똑같다. 그러니 경제 개념과 동떨어진 사고로 일한다면 결코 좋은 성과를 낼 수 없다. 여기서 말하는 경제 개념이란 최소의 희생으로 최대의 효과를 내는 것을 말한다. 그렇다면 이때 최대의 효과를 내기 위해 무언가 한 가지를 선택해야 한다면 무엇을 포기하고 무엇을 선택할까? 여기에 결정의 문제, 바로 좋은 판단 능력이 필요하다.

자기 일에서 성과를 내며 일을 잘한다는 평가를 듣는 사람은 오랜 노력 끝에 좋은 판단력 갖춘 사람이다. 부자들이 부를 축적하고 축적된 부로 다시 투자에 나서는 것도 이와 비슷하다. 재테크란 결국 최소의 희생으로 최대의 효과를 올리는 것이고, 얼마의 이익을 얻기 위해 무엇을 포기해야 하는지 아는 것을 뜻한다. 결국 자기 일을 잘하는 것과 재테크를 잘하는 것도 비슷한 개념이다.

세상 어떤 것이든 하루아침에 이루어지는 것은 없다. 일을 잘한다는 것도 좋은 습관으로 꾸준히 연마할 때 가능하다. 영화 『쇼생크 탈출』은 많은 사람들에게 '인생 영화'로 추천받는 영화 중 하나다. 부인을 살해했다는 누명으로 종신형을 선고받고 쇼생크(악명 높은 감옥)에 갇힌 주인공 앤디(팀 로빈슨)는 희망이라고는 전혀 찾아볼 수 없는 감옥에서 여러 어려움을 겪게 되지만 감옥 안에서 무슨 물건이든 다 구해준다는 레드(모건 프리먼)의 도움으로 작은 암석 망치 하나를 손에 쥐게 된다. 앤디가 왜 그 망치를 구해 달라고 했는지 아무도 모르지만 친구인 레드는 이렇게 혼잣말을 한다. "이런 작은 망치로 벽을 뚫는다면 아마 600년은 걸릴 거야" 그리고 레드는 친구인 앤디에게 "희망이란 위험한 것이야"라고 현실을 벗어날 헛된 생각은 하지 말라고 조언한다. 하지만 앤디는 600년이 걸릴 것이란 레드의 말과 달리 매일 밤 한 줌의 흙을 파내어 20년 만에 감옥의 벽을 뚫고 탈출에 성공한다.

온갖 절망과 고통만이 가득한 그곳에서 앤디는 어떻게 그런 일을 해낼 수 있었을까? 아마도 처음에는 하룻밤을 파내도 한줌밖에는 안 되는 성과에 절망했을지도 모른다. 하지만 작은 성취가 쌓이면서 하루 한 줌이라도 벽을 뚫고 나아가는 것에 희망을 걸었을 것이다. 아무런 행동을 하지 않는 사람에게 현실은 그저 절망적인 것에 불과할지 모르겠지만 아무리 작더라도 매일 행동을 하는 사람에게는 여전히 미래는 희망적이다. 앤디는 매일 한 줌씩 벽이 얇아지는 것에 성취감을 가졌을 것이 틀림없다. 이것이 바로 성취력이다.

일을 잘하기 위해, 나아가 부자가 되기 위해 여러 가지 습관이 필요하겠지만 가장 중요하게 성취와 관련된 습관을 강조하고 싶다. 이는 어떤 문제를 스스로의 노력으로 처음부터 끝까지 풀고 성공적인 결과물을 만들어 본 경험을 말한다. 누구나 살면서 한두 번쯤 이런 경험이 있다. 안 풀리던 어려운 수학 문제를 풀고 또 풀어서 끝내 풀어냈을 때 오는 뿌듯함, 입사해서 처음으로 혼자 맡은 프로젝트를 무사히 자신의 손으로 끝냈을 때 느껴지는 대견함, 또 작가가 첫 작품을 탈고했을 때 느끼는 희열과 성취감. 세상 어떤 즐거움과도 비길 수 없는 기쁨이다. 이런 성취감을 맛 본 사람은 자신에게 주어진 또 다른 문제나 새로운 일에서도 다시 한 번 그것을 느끼기 위해 남다른 노력을 한다. 이 같은 과정이 그 사람을 좋은 판단력과 실행력을 갖춘 사람이 될 수 있도록 도와준다.

지금 당신이 하는 일에서 성공하는 것이 가장 중요한 재테크라는 것을 명심하자.

결단력

정보를 해석하고 의사결정 하는
능력을 키워라

1. 독창적인 사고 훈련, 이렇게 시작해보자

경제를 보는 자신만의 독창적인 시각 어떻게 만들 수 있을까? 한마디로 얘기해 정보의 양 대신 정보를 해석하고 사고하는 능력이 필요하다. 매일 기록하고 리뷰하는 일을 게을리하지 말아야 하고, 팩트 체크도 잊지 말아야 한다.

좋은 판단 그리고 그에 따른 결단력은 어디서 나오는 것일까? 당연한 말이겠지만 좋은 생각에서 나온다. 사실 현대인들은 반복되는 일상이라는 관성에 이끌려 생각 없이 살아가는 경우가 많다. 불과 10년 전만 해도 지하철을 타면 신문이나 책을 읽는 사람을 자주 볼 수 있었다. 그런데 지금은 완전히 사라진 풍경이 되었다. 책 대신 모두가 스마트폰에 몰두하고 있다.

그렇지만 사람들은 스마트폰을 통해서 스마트폰이 없던 시절보다 더 많은 정보를 습득하고 있다. 그런데 이는 무언가를 읽고 생각한다기보다는 그냥 무언가를 감상하고 있다고 보는 것이 좀 더 적절할 것 같다. 스마트폰으로 정보를 습득하는 것은 워낙 순식간에 이뤄지는 일이고 장면 전환도 빠르다 보니 책이나 신문과 비교해 생각할 여유를 주지 않는다. 즉, 스마트폰으로 무언가를 많이 읽는다 해도 정작 '생각하기'(Thinking)는 제대로 되지 않는다.

독서량이 줄었다고 해서 접하는 지식이나 정보의 양이 줄어든 것은 아니다. 중요한 것은 흡수된 정보를 가지고서 스스로 사고하는 능력이다. 앞 장에서 얘기한 부자가 되기 위한 좋은 판단과 실행력 역시 정보의 양에서 나오는 것이 아니라 생각의 깊이에서 나온다. 쏟아지는 기사를 아무리 많이 읽는다 해도 생각의 깊이가 없다면 누구나 알고 있는 정보나 다른 사람의 생각만 남게 된다. 이렇게 해서는 절대 독창적인 사고라 할 수 없다. 재테크에 있어서 독창적인 사고는 정말 중요하다. 왜 우리는 재테크에 있어 '생각하는 사람'(Thinker)이 되어야 하는 걸까?

박현주 차장의 이야기를 다시 꺼내 보자. 그녀는 2007년 금융위기가 시작되기 1년 전쯤 중동 건설 현장의 설계 담당자로 해외 근무를 자원했다. 미혼 여성에게 해외의 현장 근무란 웬만해서는 허락되지 않았는데, 몇 번의 시도 끝에 어렵게 회사의 허락을 받을 수 있었다. 일단 해외 근무를 하게 되면 급여가 높아지고 생활비가 지원된다. 실제로 그녀는 거의 두 배 정도로 급여가 올랐다. 박차장은 이런 상황을 재테크하기 좋은 기회라 생각했다. 그동안 모아 놓은 저축액도 상당하고 해외 근무를 가게 되면 지금 살고 있는 전셋집의 보증금도 뺄 수 있으니 이참에 대출을 받아 집을 사기로 했다. 하지만 2007년 당시는 정부가 집값을 잡기 위해 각종 규제책을 쏟아 내던 때였다. 당연히 부동산 경기가 꽁꽁 얼어붙기 시작하던 때였다. 특히 아파트값에 거품이 끼어 있어 곧 가격 붕괴가 시작될 것이라고 예상했던 버블세븐 지역은 투기과열지구로 지정되면서 모두가 투자를 꺼리던 곳이었다. 그러나 그녀는 대부분의 사람들이 부정적으로 생각한 당시 강남 3구 중 하나인 서초구에서 25평형 아파트를 하나 사게 된다.

그녀는 집을 사기 전 "지금은 때가 아니라는 데, 정말 맞는 걸까?"하는 의문을 가졌다. 하지만 다들 고개를 젓고 있을 때 그녀는 집을 사기로 결정했다. 그렇게 하게 된 데에는 매일같이 기록했던 〈현주의 일기〉 때문이었다. 현주의 일기는 앞에서도 말한 바와 같이 그녀가 매일 경제 공부를 하고 여러 현상에 대해 자신의 생각을 기록해둔 다이어리였다. 무슨 특별한 다이어리는 아니었다. 모르는 경제 용어를 찾고, 뉴스 기사 읽고, 그러면서 자신이 해야 할 공부나 아이디어를 메모하고 그렇게 쓰는 다이어리였다.

결과론적이긴 하지만 그녀의 주택 구입은 결국 가장 좋은 투자로 남게 되었다. 공교롭게도 서초구가 지난 10년간 아파트 가격이 가장 많이 오른 지역으로 평가되기 때문이다. 혹자는 1년 뒤 금융 위기 이후에 샀다면 좀 더 싸게 사지 않았겠느냐, 라고 말하기도 하지만 금융 위기 직후에는 시장이 패닉 상태였기 때문에 아무리 시장을 꿰뚫어 보는 안목을 가진 그녀라도 쉽게 결단을 내리지 못했을 것이다. 그녀는 젊은 시절 자취를 할 때부터 서울의 달동네를 직접 다니며 집을 구하고 발품을 팔았기 때문에 부동산에서만큼은 나름의 감각이 있다고 스스로 자부했다. 또한 경제나 금융을 전공하지 않았지만 건설회사에서 근무하는 환경 탓에 세계 건설 경기나 경영 정보지의 경제 사설 등을 읽으며 부동산 감각을 유지했다.

사람들은 그녀의 감각을 '재테크 촉'이라고 불렀는데, 정보를 읽고 골똘히 연관성을 따져보는 등의 '생각 훈련'의 결과물이었다. 이를 특별하게 보면 특별한 노하우라 볼 수 있지만, 회사 생활을 하다 보면 흔히 만나게 되는 일반적인 경제 뉴스들을 누구나 보고 듣는다는 점에서는 크게 특별할 것은 없었다. 핵심은 얼마나 유의해서 보느냐, 얼마나 경제 뉴스들 사이의 연관성을 잘 추적하느냐 그렇지 않느냐의 차이라 할 수 있다.

대부분의 현대인은 가뜩이나 회사 일, 집안일로 골치 아픈데 뭔가 다른 주제로 추가로 골몰하는 것 자체를 싫어한다. 그러나 생각 훈련이란 복잡한 수학 문제를 푸는 것처럼 어렵기만 한 어떤 일이 아니라 세상에서 벌어지는 일을 겉과 속으로 나눠 잠깐 생각해보는 것과 같다. 요즘 뉴스 프로그램에서 자주 나오는 말처럼 팩트 체크를 해 보는 것이다. 양파의 한 껍질을 벗기듯 한 걸음 더 들어가 보는 습관은 절대 대단한 어떤 일이거나 아무나 하지 못하는 어려운 일은 아니다. 이 글을 읽는 당신도 쉽게 따라 할 수 있다. (자세한 방법은 뒤에서 알려주겠다.) 당신도 머지않아 좋은 결단력을 가진 굿 씽커가 될 수 있다.

2. 팩트 체크와 예상 시나리오 써보기

경제 기사를 읽을 때 팩트 체크를 하고 예상 시나리오를 떠올려보는 것은 반드시 해야 하는 일이다. 분석가들의 의견만 좇아서는 안 된다. 하지만 뉴스 맥락도 이해 안 되는 상황에서 스스로 생각한다는 것은 말처럼 쉬운 일이 아니다. 오랜 인내를 갖고서 꾸준히 들여다봐야 한다.

특정 정보를 접한 다음 해석을 해보고, 앞으로의 전개 방향을 고민해보는 것과 그렇지 않은 것 사이에는 엄청난 차이가 존재한다. 뉴스가 과연 얼마나 진실에 가까운지(팩트 체크) 또 진실이라면 뉴스에 담긴 정보가 앞으로 미래에 어떤 변화를 만들어 낼 것인지 생각(예상 시나리오)하는 것은 무척 중요하다.

1960년대 중반 박정희 대통령은 당시 한국에서 가장 큰 건설 회사 사장을 청와대로 은밀히 불러 자주 범람하는 한강 홍수 피해도 줄이고 전력도 생산할 수 있는 대규모 댐 건설을 제안한다. 이 댐은 훗날 소양강댐으로 이름이 지어지는데, 1967년 4월 착공해서 1973년 10월에 완공한 우리나라 최초의 다목적 댐이었다.

높이는 123m, 길이는 530m, 총 저수량 29억 톤에 이르고 당시 돈으로 318억 7,000만 원이란 천문학적인 공사비가 들어간 국가 주도형 대형 프로젝트였다.

이 프로젝트를 맡은 건설사는 엄청난 공사를 수주했으니 이보다 더 기쁜 일이 없었다. 그런데 건설사 사장은 대통령의 말을 들은 후 회사로 돌아와 오랜 생각 끝에 뜻밖의 지시를 내린다. 느닷없이 압구정에 대규모의 땅을 사들이라고 지시한 것이었다. 당시 압구정은 비만 오면 한강이 범람하던 지역으로 서울에 인접한 좋은 위치임에도 개발이 안 되고 있으며 대부분 밭농사를 짓던 아주 싼 땅이었다. 사장은 댐 공사도 중요하지만 댐 건설 이후에 찾아올 변화에 대해 벌써 생각하고 있었다. 위치는 더할 나위 없이 좋지만 한강의 홍수 문제 때문에 싼 땅으로 취급받던 압구정 지역이 댐 공사가 끝나면 개발도 가능하고 가치도 천정 부지로 올라갈 것이란 판단이었다.

실제로 회사는 이후 압구정에 많은 땅을 사들인 후 대규모 아파트 단지를 건설하고 분양하는 데 성공한다. 큰돈을 벌게 된 셈이었다. 이곳이 지금 강남의 가장 대표적인 주거지 중 하나인 압구정동 대단지 아파트다. 건설사의 사장은 바로 맨손으로 시작해서 재계 2위의 기업을 일군 사람으로 자수성가형 부자중에서도 가장 신화적인 존재로 추앙받는 고(故) 정주영 회장이다.

잠깐 정주영 회장의 에피소드를 가져왔지만, 우리가 생각해 볼 포인트는 정주영 회장처럼 좋은 판단력을 얻으려면 어떻게 해야 하느냐이다. 이 책의 주제와 연관지어 다시 얘기하면 좋은 판단력을 갖기 위해서는 어떤 습관을 가져야 하느냐로 연결해볼 수 있다.

질문에 대한 답은 앞에서도 슬쩍 얘기한 대로 경제 기사와 친해지고 기사 이면의 것들을 읽는 것이다. 정주영 회장이 댐 건설이라는 뉴스에 대해 꼼꼼히 확인한 후, 한강 지역 개발이라는 예상시나리오를 생각한 것처럼 말이다. 그러면 제일 먼저 경제 기사 읽기 어떻게 하면 좋은지부터 하나씩 살펴보도록 하자.

매일 조금씩 보기

매일 같이 쏟아지는 경제 기사들을 하나도 빼먹지 않고 모두 챙겨 볼 수는 없다. 다만 꾸준히 보는 것은 필요하다. 꾸준히 보려면 매일 조금씩 봐야 한다. 평소 읽지 않던 경제 기사를 지나친 과욕으로 읽기 시작하면 처음부터 이해되지 않는 용어와 내용 때문에 벽에 부딪히기 십상이다. 그러면 곧 흥미를 잃고 포기하게 된다. 반면 매일 조금씩 보면 금리, 환율, 주가 같은 경제지표 등과도 생각이 매칭되면서 연관성도 깨닫고 자연스럽게 다른 궁금증도 생겨난다. 이렇게 생겨난 궁금증은 누가 시키지 않아도 자연스럽게 검색을 하고 책도 펼쳐보는 공부로 이어진다.

기사 중에서는 사실을 보도하는 정보성 기사도 좋지만 그보다는 세계 경제의 흐름이나 변화를 알려주는 거시경제 관련 기사를 보는 것이 좋다. 사실 경제 기사를 6개월 정도 꾸준히 보다 보면 깨닫게 되는 사실 하나가 있는데, 기사를 볼 때마다 어디선가 본 것 같은 기분이 든다는 거다. 이런 현상이 나타나는 이유는 경제 기사라는 것이 시간을 두고 반복되기 때문이다. 실제로 경제 기사에 나오는 용어나 기사 내용이 굉장히 새로운 것 같지만, 가만 보면 결국 경기 순환이나 이슈에 따라 오르락내리락 하는 패턴을 반복하고 있다는 것을 알 수 있다.

팩트체크를 하면서 보기

우리는 지금 미디어 홍수의 시대를 살고 있다. TV나 신문 같은 전통적인 매체는 물론이고 개인들이 SNS로 전달하는 정보도 엄청나게 많다. 여기에 유튜브 같은 개인 방송 매체까지도 포함하면 정보가 유통되는 방식은 그 수를 헤아리기 어려울 정도로 많다. 많으면 많을수록 오차도 벌어지게 마련이다. 그래서 언제부터인가 언론사나 방송사 같은 미디어들이 전하는 정보라 해도 곧이곧대로 100% 진실이라고 믿는 사람은 없다.

경제 기사 중에는 보도자료라는 형식으로 작성된 정보 전달형 기사가 있다. 이것은 정보를 제공하는 측이 모든 언론사에 공통으로 뿌리는 것이기 때문에 어떤 매체가 보도하더라도 내용은 동일하다. 예를 들면 정부의 주요한 경제 정책 발표, 통계 자료 발표 또는 기업에 중요한 결정 사항 등이다. 이런 보도 자료는 출처가 분명해 정보에 대한 팩트 체크는 필요 없다. 하지만 경제 기사 중 상당수를 차지하는 정보 전달과 예측성 기사는 매체마다 또 언론사마다 조금씩 다를 수 있다. 근거가 잘못되었거나 부족하거나, 근거로 사용하기에 적절하지 않은 내용이라면 정보와 예측은 읽는 사람 입장에서 팩트로 받아들이기 어렵다.

하지만 이 정도의 팩트 체크가 가능한 수준이 되려면 오랫동안 경제 기사를 읽어 온 훈련이 뒷받침되어야 함은 물론이고 많은 경험과 지식도 갖고 있어야 한다. 따라서 경제 기사를 보면서 처음부터 이런 분석을 스스로 하기는 쉽지 않다. 대신 예측성 정보 기사에서 예측을 하게 된 핵심 근거가 무엇인지 정도만은 꼭 확인하는 것이 중요하다. 그 근거가 과연 합리적인지 아닌지 생각해보는 것은 기사가 전하는 정보가 얼마나 사실로 받아들일 수 있는지 없는지 결정하는 중요한 요소가 된다. 결국 팩트 체크란 기사에서 예측하는 내용이 무엇인지 또 예측을 뒷받침하는 근거가 무엇인지 찾는 과정이라 할 수 있다.

다음은 2017년에 12월 22일 경제 신문에 난 기사 중 한 부분이다.

"한국은행이 지난달 말 6년 5개월 만에 통화정책 방향을 '긴축'으로 틀어 연 1.25%였던 기준 금리를 연 1.5%로 올렸지만 일본은행은 전날 금리를 연 −0.1%로 동결하고 완화적 통화 정책을 유지키로 했다. 이 때문에 원화 강세, 엔화 약세가 두드러지는 모양새다. 엔저는 국내 수출 기업에 부담 요인이다. 세계 시장에서 일본 기업들과 경쟁하는 조선, 석유화학, 철강, 배터리 등 국내 기업의 주력 수출 품목이 가격 경쟁력에서 상대적으로 열세에 놓이기 때문이다. 업계 한 관계자는 '여전히 일본의 주력 품목이 전반적으로 상품성이나 기술력에서 앞서는데 엔저로 가격 경쟁력까지 더해지면 국내 기업은 적지 않은 타격을 입을 수밖에 없다'라고 말했다."

이 기사는 당시 업계 상황을 전하면서 앞으로(2018년 초부터) 국내 기업들이 '일본과의 수출 경쟁에서 적지 않은 타격을 입을 수밖에 없다'라고 전달하고 있다. 그런데 기사에서 앞으로도 엔화 약세가 계속되리라 전망하는 근거는 무엇일까? 바로 한국은행이 한 달 전에 기준 금리를 0.25% 상승했는데, 일본은 −0.1%로 동결했다는 것을 그 이유로 들고 있다. 우리나라 금리가 오르면 원화의 가치가 오르고 엔화의 가치는 떨어진다는 아주 단순한 이치를 갖고서 이야기 한 것이다. 하지만 2018년 1월부터 엔화는 예상과 달리 강세로 돌아섰다. 결과론적인 이야기지만, 앞으로 는 지속적인 엔화 약세를 예상하려면 한 번 정도 있은 기준 금리 의 변화보다 좀 더 설득력 있고 구체적인 근거를 필요로 할 것이 다. 이처럼 기사에서 예상하거나 주장하는 내용에 줄을 치고 그 근거가 무엇인지, 어디에 있는지 체크하면서 하루 한두 개씩 기 사를 읽어보는 것은 매우 중요하다.

예상 시나리오 작성해보기

기사가 내놓은 예측은 맞을 수도 있고 틀릴 수도 있다. 만일 경제 기사에서 예측하는 내용이 근거가 매우 구체적이고 합리적 이라면 예측이 빗나갈 확률은 낮다. 하지만 아무리 확률이 낮다 고 해도 언제든 돌발 상황은 생길 수 있다. 특히 경제란 자연법 칙처럼 공식에 의해서 딱 맞아떨어지는 것이 아니므로 정답이 단 한 개만 존재하는 것도 아니다. 따라서 미래를 예측할 때 다 양한 가능성을 염두에 두고 예상 시나리오를 생각해 보는 것은 무척 중요하다.

자수성가형 부자들의 남다른 생각과 판단력은 바로 이 다양 한 가능성을 예상해 본다는 것에서 출발한다. 역시 하루아침에 완성되는 능력은 아니고 오랜 시간 정보에 대한 해석과 생각하 기 훈련을 통해 만들어진다. 다음의 간단한 경제 기사를 보고 예상 시나리오를 한 번 생각해보자.

"한국 금리 인상, 일본 양적 완화 고수 원엔 환율 100엔당 952원 '2년 만에 최저', 원달러 환율은 1,070원대로 하락. 엔화 약세는 아베노믹스의 영향이 크다. 아베 정부는 미국 유럽 등 선진국과 달리 양적완화를 고수하고 있다. 경기 회복세를 유지하려는 명분에서다."

이 기사는 원엔 환율과 원달러 환율이 가파르게 하락하고 있다는 사실을 전하면서 이것은 아베노믹스(아베 신조 일본 총리의 경제 정책)의 양적완화(중앙은행이 경기 부양을 위해 시장에 유동성을 공급하는 정책) 정책 때문이라고 지적하고 있다. 만일 이 기사에서 우려하는 것처럼 환율 하락세가 지속된다면 어떤 변화가 찾아올까?

우리 입장에서는 환율 하락이란 원화 가치가 높아지는 현상으로 대외무역에서 구매력이 증가한다는 이점이 있다. 그리고 원화 강세가 계속 이어질 때는 해외 여행과 해외 투자가 늘어나고 수입 업체들 입장에서는 원가가 절감되는 효과가 있다. 다만 수출업체들은 경쟁 상대인 일본에 비해 환율 하락 폭만큼 가격 경쟁에서 불리해질 수 있고 전반적으로 수출에는 악영향이 생길 수 있다. 일반적인 시나리오라면 "원엔 환율과 원달러 환율 하락 지속 → 원화 가치 상승" 이는 곧 1)수입 물가 하락(수입 업체 원가 절감) 2)해외여행 증가(특히 일본으로 여행객 증가) 3)일본과 경쟁 관계에 있는 수출 업체의 가격 경쟁력 하락으로 이어진다.

일반적인 예상 시나리오를 보면 긍정적인 면과 부정적인 면이 모두 포함되어 있다. 경제지표들의 변화와 영향력은 반드시 한쪽으로만 미치는 것은 아니기 때문이다. 마치 동전의 앞 뒷면이 아주 다르듯 양면성을 내포하고 있다. 따라서 일반적인 시나리오 외에도 전혀 생각하지 못한 결과가 나올 수도 있다. 그래서 "환율 하락은 부정적이다"라고 단순히 결론을 내리기가 어려운 이유이다. 원화 가치가 올라간다는 것은 수출주도형 경제에서는 전통적으로 나쁜 뉴스로 받아들여졌지만 중장기적으로는 긍정적인 면이 더 많다. 원화가 강해진다는 것은 그만큼 우리 경제의 펀더멘탈(경제 기초)이 탄탄해졌다는 방증도 되기 때문이다.

스스로 고민하고 생각해서 얻은 정보와 지식은 머릿속에 오래도록 남는다. 그만큼 판단력을 키우는 데에도 도움이 된다. 때로는 정보의 양을 줄이고 한 가지를 깊이 있게 생각해보는 훈련도 필요하다. 매일 경제 기사를 읽고 팩트 체크와 예상 시나리오를 다양한 관점에서 전망해보자.

3. 뉴스 같은 일상 정보가 위험한 이유

일반화된 공식으로 설명하는 뉴스는 의심해보아야 한다. 그리고 시장이 이미 예상하는 것이라면 뉴스에 선 반영되는 측면이 있다. 그리고 평균 정보의 위험성을 꼭 기억하자. 양극화가 심해진 사회에서 평균값은 아무런 대표성을 발휘하지 못한다.

"너한테만 알려주는 건데…" 가끔 이런 말로 시작해서 마치 특별한 정보인양 말하는 사람들이 있다. 투자를 권유하는 문자나 전화를 받아본 분들이라면 한 번쯤은 저런 멘트를 들어봤을 것이다. 저렇게 대놓고 말하지 않더라도 유사한 뉘앙스로 특별한 정보라고 넌지시 말하는 경우다. 그런데 의외로 많은 사람이 이런 정보에 현혹된다.

이런 정보의 실상은 이미 알만한 사람은 다 아는 것일 확률이 높다. 재테크 정보는 "어느 맛집에 무슨 음식이 맛있다더라"라는 식으로 계속해서 만들질 수가 없다. 땅이나 주식 같은 자산은 말 그대로 유한하기 때문이다. 그래서 사람들 사이에서 이미 판단이 끝난 정보를 마치 새로운 투자 정보인양 받아들이면 뒤통수를 맞게 된다.

그렇다면 이 정보가 지금도 유효한지 아닌지는 어떻게 확인할 수 있을까? 사실 여기에는 특별한 방법이라 부를 수 있는 것은 없다. 직접 공부하고 검증하며 스스로 생각하는 힘을 키우는 수밖에 없다. 최근에는 자신의 전문 분야에만 깊숙이 몰두하면서 다른 분야에 대해서는 시각이 좁아지고 이해도가 떨어지는 '터널 비전'(Tunnel Vision) 현상을 갖고 있는 분들이 많다. 특히 SNS의 콘텐츠 알고리즘은 이런 현상을 더욱 부채질했다. 그런데 부자들은 이런 식의 사고 패턴을 가장 경계한다. 즉 매번 보는 것만 보고, 보이는 대로만 생각하는 것을 가장 위험하게 생각한다. 그래서 부자들은 대중 매체에서 떠드는 일상 정보를 쉽게 신뢰하지 않고 통찰력 있는 판단을 하는 데 오히려 방해가 된다고 여긴다.

거시적으로 보되 판단은 미시적으로

일상 정보들이 왜 유의미하지 못한지, 왜 신뢰하기 어려운지 몇 가지 이유를 들어 살펴보자.

첫째, 실제로 우리 주변에서 일어나는 경제 현상이나 사건들은 일반적인 정보와 이론으로 설명할 수가 없는 것들이 대부분이다. 경제학자는 "금리가 내리면 주식과 실물 자산은 오르며 환율은 내려갈 것이다"라는 식의 교과서적이고 일반화된 예측을 한다. 왜냐하면 그렇게 생각하는 것이 그동안의 이론이고 정립된 사고법이기 때문이다. 하지만 경제는 자연법칙처럼 정답이 딱 하나로만 떨어지지 않는다. 생물처럼 살아 있으며 그런 생물체들이 뒤엉켜 살아가는 생태계가 자본주의 시장이다. 그래서 어떤 상황에서든 다양한 답이 나올 수 있다는 것을 전제로 해야 한다. 실제로 일반화된 공식을 사용해 지금의 경제 현상을 설명하려는 많은 경제 전문가와 경제학자들의 예측은 맞는 경우보다 틀리는 경우가 훨씬 많았다. 그렇기 때문에 경제나 주식 방송 등에서 전문가들이 나와서 하는 얘기를 100% 신뢰해서는 안 된다.

둘째, 시장이 이미 예상하는 정보라면 매우 빨리 가격에 반영되는 속성을 하고 있다는 것을 알아야 한다. "금리가 인상되면 주가는 내려갈 것이다"라는 예측이 나왔음에도 금리 인상을 발표하는 날 오히려 주가가 오른다면 이는 금리 인상 소식이 이미 오래 전부터 주가에 반영되었기 때문으로 볼 수 있다. 예를 들어 2008년 금융 위기 이후 미국의 연준(연방준비위원회, 미국의 중앙은행 역할을 한다)은 극단적인 저금리 정책으로 천문학적인 달러를 푸는 경기 부양책을 실시했다. 많은 경제 전문가는 이처럼 엄청난 양의 달러가 한꺼번에 풀리면 달러의 가치가 급락할 것이라고 예상했다.

하지만 양적 완화 정책이 유지되는 동안 달러화의 급락은 일어나지 않았다. 미국의 금융 위기는 세계 전체의 경제 위기로 인식되면서 안전 자산이라 평가받는 달러에 오히려 수요가 더 몰리는 현상이 일어났다. (이 현상은 코로나19 이후 막대한 자금이 풀렸음에도 미달러화의 가치가 급속히 높아진 것과도 유사하다.) 2008년 당시 이 내용을 알고 있는 부자들은 달러를 시장에 팔지 않았지만, 라디오나 신문에 나오는 뉴스만 듣고 신뢰한 소액투자자들은 달러 예금을 해지했다.

이처럼 일상 정보들은 신뢰하기 어려운 경우가 훨씬 많다. 다시 한번 강조하지만 경제에는 정해진 답이란 것이 없다. 일반적인 정보를 수집해 내리는 판단보다 자신의 상황과 자산 규모를 잘 알고서 직접 생각하고 의사결정을 하는 것이 본인에게 더 맞으면서 유용한 경제적 판단이 된다. 그러니 소시민으로 살아가는 우리 입장에서는 거시적인 전망보다 내가 속한 경제 환경 안에서 현재의 여러 이슈들이 어떤 영향을 줄지 미시적으로 판단하는 것이 더 현명한 결정이다. 한마디로 "거시적으로 보되 판단은 미시적으로 해라"라고 할 수 있다.

평균적인 정보의 위험성

한 가지를 예를 들어보자. "서울 수도권 아파트값 지난달 0.16%

하락, 5주 연속 내림세!" 여러분은 이 기사 제목을 보고 어떤 정보가 캐치 되는가? 일단 '하락' '내림세'라는 단어가 눈에 들어온다. '지금 집값이 떨어지고 있는가?'하는 생각이 들 수도 있다. 이렇게 스치며 들어오는 정보는 내가 직접 발로 뛰며 알아내거나 스스로 생각해낸 것이 아니므로 어떤 결정에도 도움이 되지 않는 정보다. 즉, 누구나 말할 수 있는 매우 일반화된 정보이지 내 상황에 맞는 맞춤 정보라 말하기 어렵다.

정말 유용한 정보란 양파 껍질을 하나씩 벗겨내듯 스스로 팩트 체크를 하며 조금씩 더 들어갈 때 나온다. 실제로 이 기사의 말처럼 서울의 모든 아파트값이 0.16%만큼 떨어졌을까? 한번 이렇게 생각해보자. 서울은 1,000만 명에 가까운 사람들이 사는 거대 도시다. 너무 광범위해서 평균치의 값으로 특정 지역의 상황을 설명하기는 어렵다. 즉, 0.16%라는 수치가 담고 있는 정보는 그야말로 아무 의미 없는 숫자에 불과하다. 0.16%라는 수치는 5억 원짜리 아파트가 고작 80만 원 정도 싸졌다는 것으로 이것이 정말로 가격 하락을 나타내는 것인지 아닌지는 보는 사람에 따라 다를 수 있다.

통상 언론에서는 아파트의 가격 변화를 '가격지수'라는 것으로 표시한다(부동산 관련 기관들마다 각자의 부동산 가격지수를 갖고 있다). 쉽게 말해 거래된 아파트의 가격 하락분을 전체 아파트의 시가 총액으로 나눈 값으로 일종의 평균값이다. 그런데 이 가격지수만 봐서는 정확한 가격 변화를 알기 어렵다. 이보다는 내가 관심 있는 어떤 지역의 몇 평짜리 아파트가 얼마나 떨어졌는지 실거래가 추이를 보는 것이 시장 분위기 파악에 훨씬 도움이 된다. (대장격에 해당하는 1천 세대 이상의 대단지 아파트를 추적하는 것이 좋다. 100세대 미만의 아파트는 거래가 많지 않은데다가 거래가 없다고 해서 가격 변동이 없다고 보기는 어렵기 때문이다.)

2021년 부천 상동에 84제곱미터의 한 아파트 실거래가는 1월부터 7월까지 평균 7억 6천만 원에서 6억 9천만 원 정도로 거래가 성사되었다. 하지만 그보다 6개월 전쯤인 2021년 실거래가를 클릭해서 확인해보면 8억 1천만 원에서 7억 6천만 원에 거래되었음을 알 수 있다. 그러니까 2022년 들어 실거래가는 층에 따라 차이는 있지만 대체로 5천만 원에서 8천만 원 정도 낮아진 것을 확인할 수 있다. 이것이 내 입장에서 진짜 필요한 정보이다.

이처럼 대중적인 정보(언론에서 자주 얘기하는)란 그저 평균적인 정보만 의미할 뿐이다. 물론 평균적인 정보가 틀렸다는 것은 아니다. 분명 참고할 만한 내용도 있다. 하지만 참고로만 해야지 나에게도 동일하게 적용된다고 생각해서는 안 된다. 내가 진짜로 확인해야 할 것은 그보다는 좀 더 구체적인 정보여야 한다. 최근에는 이를 두고서 '평균값의 실종'이라는 표현도 쓴다. 즉, 최곳값과 최젓값의 차이가 점점 벌어지는 양극화 상황에서 아무리 평균을 내봐도 정확하게 현실을 반영하지 못한다는 것이다.

다시 돌아가서, 정확한 팩트 체크가 될 수 있는 실거래가 확인은 국토교통부 실거래가 앱을 깔고 본인이 관심을 갖고 관찰하는 곳을 관심지역으로 등록해서 보면 된다. 실거래가 있을 때마다 알람이 오도록 설정해두면 남들이 전해주는 정보가 아니라 스스로 확인하는 정보 체크가 될 수 있다.

하루에 한두 개 정보만이라도 스스로 옳고 그름을 판단해보는 훈련을 해보자. 뉴스의 평균값으로 모든 사항을 해석하지 말고 나에게 필요한 개별 정보로 쪼개 보고 확인하는 습관(스스로 뉴스를 만드는 연습)을 가져보자. 인터넷에 올라오는 수십 가지 정보를 수박 겉핥기식으로 읽는 것보다는 한두 개의 정보를 읽더라도 이런저런 질문을 하고 사실을 확인해보는 것이 훨씬 중요하다. 이러한 습관은 생각의 자립을 키워 주는 동시에 결단력을 높이는 데에도 도움을 준다.

지금 당신의 행동과 결정에 영향을 주는 요인은 무엇인가? 최근 스스로 곰곰이 생각하며 사색에 빠져 본 일이 있는가? 포털 뉴스에만 너무 지나치게 의존하지 말고, 스스로 정보의 옳고 그름을 판단해보는 습관을 가져보자. 모든 뉴스를 의심하고 다시

뜯어본다는 생각을 해도 좋다.

　다시 한번 얘기하지만, 자수성가형 부자들은 스스로 생각하는 힘이 있었기 때문에 남다른 판단으로 좋은 투자 결단을 해왔다. 다음 글부터는 본격적으로 나만의 정보 해석력을 키워줄 방법을 소개하고자 한다. 소개하는 것 중 다소 어렵게 느껴지는 것이 있다면 패스하고, 실천 가능한 것 위주로만 실행해도 충분하다. 알고만 있는 것보다 단 하나라도 직접 해보는 게 더 중요하다.

4. [매일 습관] 3대 경제지표 기록하고 연관성 보기

경제 상황을 파악하고 그 원인을 이해하는 것. 매일 해야 하는 일 중 하나가 3대 경제지표를 기록하는 것이다. 기록만 한다고 해서 끝나는 것은 아니다. 기록했으면 현실 경제 현상들과 연관성을 따져보는 등 판단력을 키워야 한다.

2013년 개봉했던 영화 《관상》은 조선 초 계유정난이란 사건을 배경으로 배우 이정재 씨가 수양대군을, 배우 송강호 씨가 조선 제일의 관상가로 열연했던 영화다. 왕위를 뺏으려는 수양대군 그리고 단종을 지키려는 김종서와 이를 돕는 관상가의 대결은 결국 수양대군이 왕위에 오르면서 관상가의 선택이 실패한 것으로 끝이 난다.

사람 관상만 보아도 미래를 정확히 예측하던 천하제일의 관상가가 왜 결정적인 순간에 잘못된 판단을 하게 된 걸까? 그 일로 아들이 죽고 유배지까지 가게 된 관상가(송강호 분)는 영화의 맨

마지막 장면에서 깊은 후회가 서린 명대사로 그 이유를 말해 준다. "난 사람의 얼굴만 봤을 뿐, 시대의 모습을 보지는 못했소. 시시각각 변하는 파도만 본 격이지. 바람을 보아야 하는데 파도를 만드는 건 바람인데 말이오." 시시각각 눈앞에서 변하는 파도를 보는 것도 중요하지만 더 중요한 것은 파도를 만드는 바람이 어디에서 불어오는지 아는 것이다. 그러니 눈앞에서 벌어지는 작은 일에 매몰되면 큰 것을 놓치게 된다.

자본주의 사회를 살아가는 데 있어 좋은 판단력이란 무엇일까? 너무도 당연한 말이겠지만 첫째는 파도를 보는 것과 같이 현재 경제 상황을 잘 파악하는 것이고, 둘째는 파도를 만드는 바람 즉, 경제 상황의 주된 변화 요인을 잘 아는 것이다. 매우 거창해 보이지만 사실 이런 능력도 매일의 습관을 통해 키울 수 있다.

필자가 실제로 실천하고 있으면서도 독자에게 가장 먼저 제안하고 싶은 것은 경제지표 기록이다. 3대 경제지표인 금리, 환율, 주가를 체크하고 기록하는 것을 말한다. 경제 공부를 많이 한 독자들이라면 이미 다른 책을 통해서도 경제지표가 중요하다는 것을 많이 접했다. 그럼에도 또다시 언급하는 이유는 경제 공부에서 가장 기본이 되는 일이고, 귀찮고 재미없다는 이유로 건너뛰기를 자주 하기 때문이다.

금리

여기서 말하는 금리는 매일 바뀌는 시장의 자금 상황을 파악하는 것으로 '시장 금리'를 말한다. 시장 금리 외에는 '기준 금리'라는 것이 있다.

'시장 금리'는 돈을 빌리려는 수요자와 돈을 빌려주려는 공급자 사이에서 결정되는 금리이고, '기준 금리'란 중앙은행이 경기 상황을 보고 결정하는 금리를 말한다. 시장 금리는 시장의 현재 자금 사정이 어떠한지를 나타낸다. 시장에 자금이 넘쳐 나고 돈 빌리기가 쉽다면 금리는 내려갈 것이고, 반대로 돈 빌리기가 어려워지면 금리는 올라갈 것이다. 따라서 현재 금리 수준이 높은가 낮은가도 중요하지만 지금 금리가 오르는 추세인지 아니면 내리는 추세인지 관찰하는 것이 더 중요하다. 둘 사이에서는 기준 금리가 시장 금리에 영향을 주기도 하고, 반대로 시장 금리가 기준 금리에 영향을 줄 때도 있다.

지표 체크를 할 금리로는 국채 3년물 금리를 기록하자. 그리고 미국 국채 금리도 빼먹지 말아야 한다. 미국 국채 금리는 전 세계 금융 시장에서 가장 큰 영향을 미치는 지표다. 한마디로 바람이 시작되는 곳이라고 할 수 있다. 그리고 이 중에서도 2년물 국채 금리와 10년물 국채 금리를 눈여겨봐야 한다. 정리하면 총 세 가지다. 우리나라 국채 3년물, 미국의 국채 2년물, 10년물 이렇게 체크하는 것이 중요하다. (스마트폰에서 네이버 앱을 열고 '네이버 금융'을 검색한 다음, 시장지표, 채권금리 순으로 들어가면 국가별로 선택해서 금리 체크를 할 수 있다.)

미국의 국채 금리를 왜 2년물과 10년물로 나눠 봐야 하는지 살펴보자. 최근의 금리 상황을 보게 되면 미국의 10년물 국채 금리가 2년물 국채 금리보다 더 낮아졌음을 알 수 있다. 상식적으로 생각해 보면, 돈을 빌려주는(투자자) 사람 입장에서 짧게 빌려주는 것보다 오랜 기간 빌려주는 것이 더 많은 리스크를 안는 것이므로 당연히 더 많은 이자를 받아야 한다고 생각한다. 따라서 평상시라면 미국 국채 2년짜리보다 10년짜리의 금리가 더 높아야 한다. 그런데 최근에는 이 둘이 역전되는 일이 발생했다(2022년 7월). 이는 강해지는 인플레이션의 압력에 대응하기 위해 연준에서 기준 금리 인상을 서두르는 듯한 발언을 계속 내놓자 수익률이 낮더라도 안전 자산으로 통하는 미국 국채 10년짜리로 돈이(돈을 빌려줄 수 있는 사람이) 몰렸기 때문이다. 결과적으로 채권 가격이 올라가고 이자율은 낮아지는 현상이 일어났다.

이런 현상을 정리하면 미국의 2년물 채권 금리는 최근의 기준 금리를 선 반영하는 성격이 있고, 10년물 채권 금리는 인플레이션 가능성을 보여주는 성격이 있음을 알 수 있다. 쉽게 얘기해 2년물 채권 금리와 10년물 채권 금리의 차이(스프레드)가 좁아지면 경기 침체를 예고하는 시그널이라는 것이다. 꼭 기억해야 할 부분이다. 지표 체크를 하면서는 이 같은 상관관계를 하나씩 알아가는 것이 중요하다.

환율

금리 다음은 환율이다. 환율은 원달러 환율을 기록하자. (뉴스에서 일반적으로 얘기하는 '환율'은 모두 원달러 환율을 말한다.) 원달러 환율이란 쉽게 말해 달러의 값이다. 환율이 올라간다(예를 들어, 1달러에 1,100원 하던 것이 1달러에 1,300원을 한다)는 말은 원화 대비 달러의 값어치(가치)가 오른다는 말이고, 환율이 내려간다는 말은 달러의 값어치(가치)가 내린다는 말로 이해하면 된다.

우리나라 경제에 영향을 주는 환율로는 달러 외에도 유로화, 엔화, 위안화가 있지만 아무래도 가장 중요한 환율은 달러에 대한 가치를 나타내는 원달러 환율이다. 환율은 달러를 사려는 수요자와 달러를 팔려는 공급자에 의해서 결정된다. 이는 원화의 가치를 놓고서 달러로 더 살 것이냐 말 것이냐로 볼 수도 있는데, 투자를 위해 국내에 들어와 있는 외국 자본(달러)이 한국의 경제 상황을 어떻게 보고 있느냐를 보여 주는 지표가 되기도 한다. 즉, 우리나라에 대한 투자가 긍정적이라고 평가되면 외환 시장에 달러 공급이 넘쳐 원달러 환율 하락은 하락하게 되고, 반대로 경제에 대한 부정적인 시각이 높아지면 달러 유출로 이어져 원달러 환율은 상승하게 된다. 따라서 환율을 기록한다는 것은 달러 가격 자체를 기록한다기보다는 지금 달러가 강해지는 추세인지 또는 약해지는 추세인지, 나아가 우리의 경제 상황이 좋아지는 상황인지 그렇지 않은 상황인지 살펴보는 것이라고 할 수 있다.

아울러 원달러 환율과 함께 체크해야 할 지표가 하나 더 있는데 바로 달러인덱스다. (달러인덱스 확인은 스마트폰에서 네이버 금융으로 검색해서 들어간 후, 시장 지표 메뉴를 누르게 되면 바로 확인이 가능하다). 달러인덱스는 유로, 엔, 파운드, 캐나다 달러, 스웨덴 크로네, 스위스 프랑 등 경제 규모가 크거나 통화가치가 안정적인 6개국 통화 대비 미 달러화 가치를 지수화한 것으로 원화 대비 달러의 가치만을 보여주는 원달러 환율과 달리 세계 주요국의 통화 대비 달러의 가치를 볼 수 있다. 그래서 달러의 강세나 약세 여부를 더 한눈에 볼 수 있다. 최근(2022년 하반기)의 달러인덱스는 110을 기록하며 매우 높은 추세에 있다. 원화 대비뿐만 아니라 세계 주요국 통화를 대비해서도 달러의 강세가 분명한 상황이다.

주가

주가는 국내 주식의 대표 지수인 코스피지수를 기록해보자. 코스피지수는 국내 주식에 거래소가 최초로 개장했던 1980년

1월 거래 가격을 100으로 보고 그 이후 주식 가격의 등락을 지수로 나타내고 있다(요즘 코스피 지수가 2,000선이니 우리 경제 규모가 20배 정도 커졌다고 볼 수 있다). 주가란 기업의 시장가치를 나타내는 것으로 기업에 매긴 가격이라 할 수 있다.

주가는 우선 국내 주식시장의 대표적인 지수인 코스피 지수와 미국의 나스닥, 다우존스, S&P 500지수를 기록하면 된다. 기록하면서 그날그날 전해지는 뉴스를 봐야만 주가 움직임의 이유를 파악할 수 있다. 국내주식들이 모여 있는 코스피지수는 외국인 투자 비중이 절반 가까이 되다 보니 아무래도 원달러 환율과 밀접한 관계를 가지고 있다. 외국인이 달러를 원화로 바꿔서 국내 주식을 사는 시기에는 주가가 오르다가, 반대로 국내 주식을 팔고 달러로 다시 바꿔 빠져나가게 되면 급격히 하락하는 양상을 보인다. 따라서 원달러 환율이 상승하는 추세에서는 코스피가 약세를 면치 못한다.

이렇게 해외 자본인 달러의 수급에 따라 주가가 출렁이는 특징을 가지고 있다 보니 국내 주식은 종목의 호재나 좋은 실적, 그 종목의 업황보다는 경기 변동이나 환율의 등락에 더 큰 영향을 받는다. 따라서 주식 시장을 투자자의 관점에서 바라보려면 먼저 경기의 변동, 환율의 변동과 같은 좀 더 거시적인 변화를 본 다음 세부 투자 전략을 세우는 것이 더 낫다. 아무리 좋은 호재가 있더라도 경기 침체 이슈에 묻혀 하락하는 경우도 있기 때문이다. 그러니 해당 기업의 이슈만 보고서 투자를 해서는 안 된다.

3대 경제지표를 매일 기록하는 것이 어떻게 판단력을 높이는 습관이 될까? 금리, 환율, 주가를 기록하려면 매일같이 지표를 확인하는 행동을 해야 한다. 며칠 동안 미루었다가 한꺼번에 기록하는 것은 아무 의미가 없다. 사실 이 데이터는 내가 기록하지 않는다고 해도 지난 몇 년 치를 한꺼번에 조회할 수도 있다. 그럼에도 매일 기록을 하게 되면 변화를 눈과 손끝으로 느끼게 되고 생각해보기(Thinking)를 하는 기회를 얻는다. 또 추세를 보면서 지금의 지표 변화가 현실 경제에는 어떻게 반영되는지 궁금증을 가지고 살펴보게 된다. 그래서 지표 체크는 판단력을 높이는 첫걸음이라고 할 수 있다.

2008년 전 세계를 경제 불황의 공포로 몰아넣었던 미국의 금융 위기는 가장 많은 사람이 기억하는 경제 위기 중 하나였다. 이 위기는 미국이 2004년 저금리 정책을 종료하고, 금리를 급격하게 올리자 부동산 버블(거품)이 터지면서 시작되었다. 저소득자들이 높아진 금리에 대출을 제대로 갚지 못하고, 이 대출을 증권으로 만들어 팔았던 금융 기관과 그것을 사들인 금융 기관들이 대출금 회수 불능 사태에 빠지며 발생했다. 결과적으로 대형 금융 회사들이 연쇄 파산에 들어가면서 미국뿐만 아니라 전 세계적으로 신용 경색이 일어나고 실물 경제에 큰 타격을 입혔다.

이때 미국이 꺼낸 카드가 금리를 사상 최저로 내리는 극단적인 통화 정책이었다. 이 같은 양적완화 정책은 실물 경제를 금융 위기 전 상태로 되돌리는 것을 목표로 했다. 그렇지만 처음에는 5년 정도를 예상했으나 얼마 되지 않아 훨씬 더 긴 시간이 필요하다는 결론에 이르렀다. 결과적으로 거의 제로에 가까운 0.2%라는 낮은 금리를 유지하며 5년간 약 4조 5천억 달러(원화로 5,175조)를 풀었다. 그야말로 천문학적인 통화 공급이었다. 이 같은 미국의 양적 완화는 2017년까지 10년을 넘게 이어오면서 세계 곳곳으로 큰 영향을 끼쳤다.

경제의 큰 흐름을 읽을 줄 아는 부자들은 금융 위기 직후 이런 저금리 기조에 맞춰 실물 자산인 부동산 투자에 집중했다. 저금리 쇼크는 화폐 가치를 떨어뜨릴 것이 분명했기 때문이었다. 하지만 바람의 방향이 어떻게 바뀔지 알 수 없는 대부분의 일반 사람들은 불안해진 경기에 집을 사고 투자를 하는 활동보다 오히려 현금을 갖고 있으며 예금에 돈을 넣어두기만 했다. (알았다 하더라도 종잣돈이 없었을 수도 있고, 혹시 예상과 달랐을때 얻게 될 데미지가 두려웠다. 결단력과 저축력이 중요한 것은 이 때문이다. 저축력은 뒤에서 추가로 다룬다.) 이 차이는 10년이 지난 지금 자산 양극화라는 결과를 가져왔다.

금융 위기 이후 전 세계의 통화량은 무려 4배 이상 늘어났다. 물론 같은 기간 경제가 성장한 측면도 있지만 그보다는 돈이 늘어나는 속도가 훨씬 빨랐다. 장기 저금리로 2000년대 초반과 지금의 화폐 가치는 실로 엄청난 차이를 갖고 있다. 2001년 코리안 특급 박찬호 선수는 미국 메이저 리그에서 6,500만 달러(원화 약 750억)라는 당시로는 그야말로 엄청난 계약으로 텍사스로 이적했지만, 현재 메이저리그에서 최고 몸값을 자랑하는 투수 중 하나인 게릭 콜은 양키스로 이적하면서 3억 2,400만 달러의 계약을 했다(원화로 4,212억 원). 불과 20년 만에 화폐 가치가 얼마나 변했는지를 알 수 있는 대목이다.

　　이처럼 경제란 매일 조금씩 달라지고 변화하면서 때로는 미풍이었다가 때로는 폭풍이 되기도 한다. 매일 금리와 환율 그리고 주가를 기록하는 습관으로 바람의 방향과 크기를 예측하는 방법을 익혀보자.

5. [주간 습관] 경제지표 주간 리뷰 하는 법

> 매일 습관으로 경제지표를 체크했으면 이제 주간 단위로 추이를 살펴야 한다. 지표 체크의 핵심 이유는 상승 추이인지 하강 추이인지 경향성을 보는 것이고, 그 주의 경제 이슈가 지표에 어떤 영향을 미치는지 확인하는 것이다. 여기에 지표 사이의 연관성 추적도 잊지 말아야 한다.

매일 기록했던 경제지표 일주일치를 모아서 주간 추세 리뷰를 한 번 해보자. 2020년 3월 이후 개인 투자자들이 많이 증가하고 경제 공부를 위한 입문형 서적 등도 많이 출간되면서 경제지표를 꾸준히 챙겨 보는 분들이 증가하고 있다. 하지만 그날그날 숫자만 보다 보면 지표가 보여주는 추세를 알기가 어렵다. 따라서 주간, 월간, 분기 등 일정 기간을 모아서 전체적으로 보는 리뷰가 중요하다. 숲 속에만 있으면 눈앞에 서 있는 나무만 보기 때문에 숲 전체를 보기 어렵다. 그래서 반드시 일정 기간을 두고서 숲 전체를 조망해보는 시간을 가져야 한다.

주간 추세 리뷰: 금리

우리나라는 최근(2022년 7월) 금융통화위원회에서 기준 금리를 0.5%로 올리기 시작하면서 사실상 금리 인상의 속도를 내기 시작했다. 연일 계속되는 미국의 인플레이션과 이에 맞춰 진행되는 금리 상승에 맞춰 기업의 자금줄이 막히거나 가계의 이자 부담을 감수하고서라도 미국과 한국의 금리 차를 없애 급격한 자금 이동을 막으려 하고 있다. 그런데 기준 금리를 올린다고 해서 곧바로 시장 금리에 영향을 주지는 않는다. 마치 수도꼭지에서 온수를 틀었다고 해서 뜨거운 물이 바로 나오지 않고 약간의 시차를 두고서 뜨거운 물이 나오는 이치와 비슷하다. 그리고 우리 정부의 금리 인상에는 또 다른 이유도 있다. 기대 인플레이션을 낮추려는 것으로, '기대 인플레이션'이란 기업이나 개인 등 경제 주체들이 자신들이 알고 있는 정보를 바탕으로 예상하는 미래의 물가 상승률을 말한다. 즉, 어떤 자산을 지금 사두면 미래에 오르지 않을까? 하는 기대로 미래 물가가 올라가는 것을 말한다. 한국은행은 이 기대 인플레이션의 심리를 꺾고자 하는 차원에서도 금리 인상을 꾀하고 있다.

이처럼 주간 단위의 금리 리뷰는 일주일 동안 기록한 금리의 변화 추이를 체크하고, 이번 주에 있었던 경제 이슈나 사건들이 금리에 어떤 영향을 주었는지 함께 생각해보는 것을 뜻한다. 그리고 시장에 영향을 준 이번 주 이슈와 다음 주 예상 이슈를 함께 고민해보고 금리에 어떤 영향을 줄지 예측하는 것도 포함된다. 이때 금방 판단을 내리기 어려워 좀 더 확인하고 알아봐야 할 것이 있다면 메모를 해 둔 다음, 다음번 리뷰 때 변화 추이를 한 번 더 따라가 보면 된다.

코로나19 사태가 터졌을 때 어려워진 경제를 지탱하기 위해 한국은행이 기준 금리를 대폭 내려 완화적인 통화 정책을 사용했고, 지금은(2022년 하반기) 그로 인해 발생한 인플레이션 문제(좀 더 정확하게는 미국의 인플레이션)에 대응하기 위해 금리를 올리는 정책을 취하고 있다. 주간 리뷰를 할 때는 데이터 체크와 함께 이 같은 추이가 되는 배경을 짚어보는 것이 중요하다. 만일 2020년 3월 사상 최초로 0%대로 기준 금리가 인하된 요인이 세계 경제에 충격을 준 코로나19 사태가 아니라 우리나라에만 국한된 경제 위기 때문이었다면 주요 국가들의 기준 금리는 그대로인채로 우리나라만 급격히 떨어졌을 것이다. 그렇다면 당연히 원화 가치 하락으로 환율(원달러) 폭등 같은 상황이 발생했을 것이다. 하지만 코로나19 사태는 전 세계에 공통으로 영향을 준 사건으로 주요 국가 모두가 기준 금리를 인하하며 대처했다. 이처럼 숫자 기록에만 함몰되지 말고, 배경 원인을 함께 따져보는 것이 중요하다.

주간 추세 리뷰: 환율

달러 값어치라 할 수 있는 환율(원달러 환율)은 정말 여러 가지 요인에 영향을 받는다. 보통은 금리와 연관해 많이들 얘기하다 보니 금리에 의해 요동치는 것이 환율이라고 생각하는데, 꼭 금리 한 가지 요인 때문만은 아니다. 시장에 불안 요소가 증대되면 세계적으로 안전 자산으로 여겨지는 달러에 대한 수요가 높아지므로 아무 이유 없이 달러 값은 오를 수 있다. 예컨대 우리나라보다 미국에서 더 큰 폭의 금리 인하를 했다 하더라도, 금리 이외 여러 가지 상황으로 전세계 금융 시장이 불안해져서 우리나라에 들어와 있는 투자자들이 미련없이 원화를 달러로 바꿔서 나가 버리고 마는 경우도 있다(금융시장에서 변방인 우리나라의 원화는 매력적인 투자 대상이나 안전 자산이 아니므로). 이 과정에서 달러에 대한 수요 급증은 결국 환율을 오르게 한다. 따라서 환율을 양 국가의 금리 변화만 보고서 판단해서는 안 되고, 시장에서 달러를 팔고 원화를 사려는 세일러와 그 반대인 바이어 중 누가 더 많은지를 관찰해야 한다. 이 역시 주간 단위의 경제 이슈나 뉴스를 주목하면서 예상해보는 것이 중요하다.

앞에서 달러인덱스를 한 번 설명했다. 달러인덱스는 원달러 환율처럼 매일 확인할 정도의 자료는 아니지만 주간 리뷰를 하면서 일주일 단위로 함께 살펴보면 의미 있는 해석이 가능하다.

예컨대 환율(원달러 환율)과 달러인덱스의 상승과 하락의 추세가 대체로 유사하다면 달러 값 상승과 하락이 원화 가치 때문이라기보다는 달러 가치 자체에 대한 문제라 볼 수 있고, 반대로 추세가 다르다면 달러 상승과 하락에 원화 가치가 영향을 주었다고 볼 수 있다. 따라서 지금 환율이 높다면 원화 가치가 낮아서 그런 것인지 아니면 전 세계적으로 달러 가치가 높아서인지 확인하는 것이 중요하다. 통상 우리 경제의 펀더멘털(기초)이 좋으면 원화 가치가 올라가고 약하면 떨어지는 것이 정상인데, 서로 교환 가치만을 가지고서 환율을 책정하다 보니 우리의 펀더멘털이 아무리 좋다 하더라도 미국이 더 좋다면 환율은 계속 오를 수밖에 없다.

코로나19가 전세계 경제 악재로 등장했을 때에는 달러인덱스가 크게 상승했다. 그 이후 다소 낮아지는 듯했으나, 코로나19가 진정 국면에 들어가는 최근까지도 높은 수준을 계속 유지하고 있다. 이를 보면 지금의 환율 상승 흐름과 유사하며, 이는 원화 가치의 문제라기보다 달러 자체의 가치 상승에 원인이 있다고 봐야 한다. 즉, 우리 경제의 문제라기보다 미국 자신의 문제(인플레이션으로 인한 고금리 정책)에 기인했다고 보는 것이 좀 더 타당하다.

주간 추세 리뷰: 주가

주간 리뷰의 세 번째는 코스피 지수를 통해 국내 기업들의 주가 변화를 관찰하는 것으로 일주일이라는 기간 동안 시장에 영향을 준 전망이나 뉴스를 살펴보면서 상승이나 하락의 원인을 분석해보는 것을 말한다. 주가의 기록을 하루하루 끊어서 보면 별다른 의미 찾기가 쉽지 않지만 길게 늘어뜨려서 보게 되면 그간 있었던 뉴스가 어떻게 시장에 영향을 미쳤는지 파악하기가 쉬워진다.

2020년 코로나19 펜데믹 이후 기업 활동이 심각하게 위축될 것이라는 공포에 휩싸였을 때 전 세계 주가는 대폭락 경험을 했다. 코스피 지수는 2,200대에서 1,458까지 무려 33.7%나 하락했고, 미국의 다우존스 지수도 36.5%나 떨어지는 등 경이적인 하락 폭을 기록했다. 이때만 해도 경제 전문가들은 한동안 주가가 회복하지 못할 것이라는 L자형 전망과 일정 기간이 지나야만 회복될 거라는 U자형 전망을 했다. 하지만 예상과 달리 증시는 2020년 6월 코로나19 팬데믹 이전 상태로 빠르게 복귀하며 V자 반등에 성공했다. 이어서 이전보다 주가는 더 오르기 시작했다. 팬데믹으로 인해 기업의 미래 수익은 줄어들 것으로 예상했지만 '비대면 경제'라는 새로운 가능성이 열렸다는 생각이 주가 상승의 요인으로 작용했다. 위기의 끝을 확인한 순간 시장은 이후 좋아질 경제 상황을 전망하고 주가에 빠르게 반영시켰다.

주식 시장에 이런 격언이 있다. "확인된 위기는 더 이상 위기가 아니다." 이 말은 주식처럼 기업의 미래 가치를 거래하는 시장에서는 아무리 좋지 않은 악재라 하더라도 어느 정도 확인만 되면 곧 적응한다는 것을 뜻한다. 코로나19 악재 역시도 예측 가능한 영역으로 들어오자마자 위기에 적응한 투자자들이 값이 떨어졌다고 생각하며 주식을 사들였다. 다만 이때 착각하면 안 되는 것이 있다. 주가가 이전 수준으로 회복되었더라도 기업의 미래 현금 흐름(예상 수익)이 이전 수준으로 회복되었음을 의미하지는 않는다. 그럼에도 주가가 이전 상태를 회복하거나 더 좋아진 이유는 투자자들이 미래 수익에 대한 기대치와 눈높이를 낮추었기 때문이다.

이처럼 주가란 기업의 미래 가치 즉, 우리 기업의 현재 가격이라고 정의할 수 있다. 다만 주식 시장은 중장기적인 예측이나 전망보다 단기적인 자금 흐름에 더 큰 영향을 받기 때문에 이 점 또한 유의해야 한다. 국내 주식 시장의 절반 가까이는 외국인 투자라는 점을 고려하면 국내 기업의 실적 전망이나 미래 가치보다 환율에 따른 외국인의 사자, 팔자에 더 영향을 단기적으로 받는다는 것을 기억해야 한다. 따라서 환율 상승의 이슈가 생긴다면 코스피 지수는 외국인의 주식 매도로 어김없이 하락하는 현상을 보이고, 반대로 환율이 안정적인 상태가 되면 외국인이 달러를 원화로 바꿔 국내 주식을 사들여 상승하는 추세를 낳는다.

최근(2022년 하반기) 들어 과거 주가 하락에 이어 엄청나게 큰 상승 커브를 경험한 국내 주식 (초보)투자자들이 2022년 내내 이어진 주가 조정 과정에서도 이전과 같은 V자 반등이 나오지 않을까 생각하면서 소위 저가 매수를 하고 있지만, 개인적인 생각으로는 지난 2020년 펜데믹 이후 반등 같은 일은 쉽게 일어나지 않을 것 같다. 그 이유는 그때와 지금의 상황이 너무 많이 다르기 때문이다.

당시에는 코로나19라는 사건이 매우 일시적인 이벤트라는 전망이 있었다. 즉 시간이 지나면 곧 극복될 악재로 여겼다. 하지만 지금의 인플레이션과 고금리, 경기 침체의 악재는 일시적이지 않다는 것이 지배적이다. 한 때는 경기 회복 심리가 시장에 가득했고 '보복 소비'에 대한 전망도 있었지만, 현재 상황은 이와 매우 다르다. 당분간 경기 침체의 긴 터널이 우리 앞을 계속 가로막을 거라는 예상이 된다. 그러니 기술적인 반등은 여러 차례 나올지 몰라도 과거와 같은 V자 상승을 기대하기는 어렵다. 이처럼 주간 추세 리뷰는 일시적인 주가 전망보다는 긴 안목을 가지고서 주가를 들여다보는 방법으로 활용되어야 한다.

최근의 미국 인플레이션과 고금리 상황 등을 예시 삼아 금리, 환율, 주가 순으로 리뷰를 마쳤다. 경제 현상의 원인을 파악하는 것이 중요하다는 말은 새삼 강조해도 모자르지 않는다. 매일의 노력이 쌓이고 이를 다시 주간 나아가 월간 단위로 점검하는 과정에서 경제를 보는 눈이 길러진다. 주간 단위가 몇 번 모이게 되면 월간 리뷰가 된다. 그래서 주간 단위의 리뷰와 월간 단위의 리뷰는 결코 다른 것이 아니다.

경제를 정확히 예측할 수 있는 사람은 이 세상에 없다. 그러니 난 초보자니까 모른다, 라고 일관하지 말고 스스로 이런저런 생각을 해보는 리뷰의 과정을 꼭 거쳤으면 좋겠다. 공부가 부족하면 부족한 대로 무엇을 더 공부해야 할지도 알게 된다. 조금씩 보는 눈이 생긴다는 생각으로 인내심을 갖고 지표 챙기기와 리뷰를 습관화 했으면 좋겠다.

6. [월간 습관] 미국 경제지표 의미 파악하기

수출 의존도가 높은 우리나라 입장에서 미국 경제지표는 대단히 중요하다. 특히 제조업지수, 고용지수(실업률), 소비지수(소매판매), 물가지수(인플레이션) 이 네 가지는 필히 살펴보면 좋다. 경제 관련 미디어에서도 매월 인용도 하고 설명도 하는 만큼 의미를 정확히 파악해두면 뉴스 읽기에 도움이 된다.

가끔 언론으로부터 미국 경기 둔화 탓에 한국 경제의 어려움이 예상된다는 말을 종종 듣는다. 대외 의존도가 높은 경제 구조 탓에 그렇다. 미국, 중국, 일본, 유럽처럼 내수 규모가 큰 경제권은 대외 변수가 있더라도 내부적으로 경기 순환 사이클을 어느정도 만들 수 있지만, 우리나라는 그정도 규모가 되지 못한다. 그래서 경제를 공부하고 이해한다는 입장에서 우리나라의 경제지표는 물론이고 미국을 포함한 세계 경제지표도 놓치지 않고 자주 들여다봐야 한다. 그 중에서도 단연코 미국 경제와 관련된 지표는 체크 1순위로 항상 언급된다. 매일같이 쏟아지는 경제 뉴스 중 미국의 경제 상황을 설명하는 뉴스가 많이 나오는 이유도 이 때문이다.

미국의 경제지표는 주로 MoM(Month-over-Month, 전월 대비 증감률 방식)을 기반으로 한다. 매일의 지표가 파도라면 한 달이라는 기간은 매일의 파도를 움직이는 바람이라고 볼 수 있다. 앞서 거시경제의 큰 움직임을 바람이라고 비유했는데, 바람이 어디서 어떻게 시작되는지 방향과 세기만 알아도 우리 경제를 이해하고 예측하는 데 엄청난 도움이 된다.

그렇다면 한 달이라는 기간을 두고 바람의 역할을 하는 미국의 경제 지표에는 어떤 것이 있을까? 크게 네 가지 정도를 보면 된다. ISM제조업지수, 고용지표, 소비지표, 물가지수이다. 초보 공부자 입장에서는 많은 것 같지만, 한 달 한 번이라는 점검 횟수를 생각한다면 마냥 손사래만 치면서 난 못해, 라고 발 뺄 일도 아니다. 적극적으로 확인해 보고, 지표 보는 법도 익히고, 추이도 살펴보면 좋겠다.

일단 이런 지표들을 어디서 확인하는지부터 알아보자. 원래 지표가 공개되는 미국 정부 사이트를 직접 방문해서 볼 수도 있겠지만, 아무래도 어려울 수 있으니 한국의 경제 방송사나 유튜브 채널 등에서 소개하는 내용을 가지고서 일단 익숙해지는 게 더 좋다. 필자도 이런 곳에서 관련 지표들을 확인한다. 필자가 자주 보는 채널을 소개하면 SBSbiz 뉴스, 머니올라 KBS, 한경글로벌마켓 등이 있다. 각각 방송사, 유튜브, 언론사로 하나씩 예를 들었다. 이 외에도 FRED(fred.stlouisfed.org) 사이트를 이용하는 것도 유용하다. FRED는 미국의 중앙은행이라고 할 수 있는 연방준비위원회에서 제공하는 각종 경제 데이터들이 총 망라된 곳이다. 검색창에 원하는 정보를 넣고 검색만 하면 관련 자료를 찾을 수 있다. 영어를 잘 한다면 유용하게 쓸 수 있는 서비스다. (구글의 크롬 브라우저로 한국어 번역을 이용하면 좀 더 쉬운 접근이 가능하다.)

ISM제조업지수

첫 번째로 ISM제조업지수는 월 초(1일~4일)에 발표되는 것으로 미국 경기 흐름의 핵심을 볼 수 있는 지표다. 미국의 민간단체인 공급관리자협회(ISM, Institute for Supply and Management)가 발표하는 자료이다. 이 지수가 50이면 전월과 경기가 같다는 것을 뜻하고, 50보다 높으면 전월 대비 좋고, 낮으면 전월 대비 좋지 않다는 것을 뜻한다. 그리고 지수가 60 이상이 되면 연준에서 금리 인상을 추진한다.

이 지수는 왜 중요할까? 우리나라의 수출증가율과 매우 밀접한 관계를 하고 있기 때문이다. 심지어 이 지수는 우리나라의 수출 증가율과 거의 동행하다시피 한다. 제조업지수는 수많은 미국 기업의 설문을 통해 발표되는데, 설문조사라는 것이 정보의 오류가 있을 수 있고 객관적이지 않아 경제계에서는 신뢰받는 데이터가 아니지만, 유독 이 ISM제조업지수는 정교한 설문 방식으로 높은 신뢰도를 자랑한다.

미국의 제조업은 미국 전체 경제에서 10% 정도밖에 차지하지 못하지만, 반제품을 생산하는 소재나 부품이 아니고 직접 소비자들에게 파는 소비재(완제품) 기업들이 대부분이다 보니 소비 흐름과 직접적으로 연결이 된다. 그리고 소비재를 만드는데 우리나라의 수많은 반제품이나 소재 등이 들어가다 보니 제조업지수가 좋으면 우리나라 기업도 수출 호조를 보일 수밖에 없다. 따라서 월간으로 발표되는 이 자료를 꾸준히 확인하는 것만으로도 경기 흐름을 예측하는 데 많은 도움이 된다.

고용지표

고용지표는 월 초(5일~8일) 사이에 발표된다. 주로 비농업취업자수, 실업률, 신규 실업수당청구건수 등을 주요하게 보면 되는데, 미국의 내수 상황을 그대로 보여주는 지표라 할 수 있다. 즉, 고용률이 높으면 미국 경제가 좋다는 것을 의미한다.

지금(2022년 말)의 미국 경제를 살펴보면 전 세계가 경기둔화를 걱정하고 있지만 미국의 실업률은 3% 대를 기록하며 거의 완전

고용 상태를 유지하고 있다. 코로나19로 자국으로 돌아간 저 숙련 노동자들이 비자 문제 등의 이유로 아직 미국으로 돌아오지 못해 많은 기업이 인력난을 겪고 있다 보니 고용률이 높을 수밖에 없다는 분석이 있다. 그리고 실업률과 더불어 실업이 되었을 때 수당을 새롭게 청구하는 사람들의 숫자 등도 몇 달 뒤 소비를 가늠해 볼 수 있는 중요한 자료가 된다.

미국의 고용지표는 주식과 채권, 외환 시장에 직접적인 영향을 주며 계속해서 호조를 보이면 소득이 늘고 소비 증가로 연결되어 인플레이션 압력으로 작용한다. 반대로 고용지표가 하락세이면 경기 둔화의 전조 증상으로 해석한다. 이러한 지표들은 단순히 숫자의 높고 낮음 보다는 추세를 보는 것이 중요하다. 고용률은 낮아도 상승 추세라면 경기 개선의 신호로 봐야 하고, 반면 고용률이 높더라도 추세가 하락이면 경기 둔화를 우려해야 한다.

고용지표가 중요한 또 다른 이유는 실물 경제를 가장 정확하게 반영하고 있기 때문이다. 경기 침체로 정부와 중앙은행이 돈을 풀었다 해도 이 돈이 자산 시장과 기업으로만 흘러 실물 경제로는 그다지 큰 영향을 못 미칠 수도 있다. 이번 코로나19 위기 때 정부가 재난지원금을 각 개인에게 직접 지급했던 이유도 바로 이런 이유 때문이다. 그래서 실제로 실물 경제가 좋아졌는지 판단하기 위해서는 고용지표를 보는 것이 가장 정확하다. 미국의 중앙은행도 기준 금리의 인상을 할 것인지 말 것인지 판단하기 위해 가장 중요하게 보는 지표 중 하나가 인플레이션과 고용률이다.

소비지표

소비지표는 매월 중순(13일~15일) 발표된다. 고용지표가 미국 경제 전체 흐름을 살펴보는 자료라면 좀 더 디테일하게 업종별 경기 흐름을 보는 방법으로는 업종별 소매판매 실적을 참고하는 것이 좋다. 미국 상무부 센서스국(census.gov)이 발표하지만 일반적으로 보기에는 FRED에서 확인하는 것이 좀 더 편리하다.

미국의 내수시장에서 소매판매가 차지하는 비중은 30%에 이른다. 특히 GDP에서 전체 소비가 차지하는 비중은 70%에 가깝다. 그래서 소비로 움직이는 나라가 미국이다. 따라서 일반 소매판매도 경기의 현재 상태를 가늠하는 중요한 자료가 된다. 미국의 경제지표는 주로 MoM의 방식을 써서 발표하는데, 그렇게 되면 계절적인 변수를 담을 수 없는 것 아닌가 하는 생각할 수 있다. 다시 말해 겨울로 진입하는 11월은 10월 대비해 난방유 소비가 당연히 증가하기 때문에 이것만 갖고서 경기 상승을 말하기는 어렵다. 하지만 미국의 경제지표는 계절적 조정을 하고 발표하기 때문에(즉 전월 자료라 하더라도, 계절적인 요인을 반영하고 증감률을 표시)

이런 부분에서 한결 수월하게 지표 변화 추이를 볼 수 있다.

업종별로 어떤 소비가 늘었는지 반대로 어떤 소비가 줄었는지 보는 것은 매우 중요하다. 예를 들어 콜라나 과즙 음료 산업은 아무래도 겨울시즌에는 소비가 감소하고 반대로 여름철에는 소비가 급상승하는데, 이 같은 일상 패턴을 확인할 수 있다. 코로나19로 집에 머무는 시간이 증가하면서 가정에서 사용하는 인테리어 가구, 장난감, 집수리와 관련된 물품의 소비가 급격히 증가하는 특정 이슈에 따른 소비 패턴을 확인하기에도 좋다.

사실 증권사의 전문적인 애널리스트가 아니라면 업종별로 소비자의 소비 패턴까지 들여다 볼일은 거의 없다. 또 월간 발표되는 소매판매의 동향은 방송, 유튜브 등에서 알려주는 자료로도 충분하다. 하지만 한 번쯤은 FRED에서 검색해보는 것이 좋다(이런 것이 있구나 하고 아는 것도 중요한 지식이다).

물가지수

소비자물가지수는 매월 중순(10일~14일) 발표되는 경제지표로 일반 가계가 일상생활을 영위하기 위해 구입하는 소비재와 서비스 지출 가격을 지수로 나타낸 것이다. 소비자물가지수는 YoY(전년대비, Year-of-Year)의 방식으로 발표된다. 지금의 물가수준이 전년 같은 월 대비 얼마나 달라졌는지 형식으로 자료를 발표

한다.

지금(22년 10월) 미국의 소비자 물가지수는 7.7%로 불과 몇 달 전에 최고 정점인 9.1% 찍은 이후 약간 내려오는 분위기다. 하지만 여전히 물가가 높다고 판단하는 연준은 강력한 긴축정책을 계속해서 펼치고 있다. 2%로 내려올 때까지 금리 인상을 멈추지 않을 것이라고 시사하며, 다만 금리 인상 속도는 이전보다 좀 더 천천히 할 것을 얘기하고 있다.

물가지수 즉, 인플레이션은 경제에 엄청난 영향을 미친다. 특히 높은 물가상승률은 한나라의 국민들 총소득을 나타내는 GDP를 감소시킨다. 실질소득이 증가해야 실제로 경제가 좋아지는데 동일한 임금을 받는 상황에서 높은 인플레이션은 결국 구매력을 떨어뜨린다. 최근 미국의 높은 인플레이션은 2022년 초부터 시작된 달러 강세에 따른 영향이라고 본다면 문제는 더욱 심각한 수준이라고 할 수 있다(원달러 환율은 연초 1,200원대에서 최고 1,400원대 중반까지 올라갔고, 달러인덱스도 10% 이상 올라갔다). 달러가 단시간 내에 이렇게 강해지면 수입하는 모든 물건이 싸지게 되는데, 그럼에도 불구하고 최종 소비재의 물가가 높다는 것은 문제의 심각성이 더 크다는 것을 반증한다. 그렇다 보니 물가를 잡으려는 연준의 강력한 금리 인상 정책은 해외에서 각종 필수품을 수입해야 하는 저개발(제조업이 취약한) 국가 입장에서 보면 국내 물가가 치솟고 경제 체력이 바닥나는 상황이 된다. 이처럼 미국의 통화 정책은 세계경제에 큰 영향을 미친다.

최근에는 미국의 고용지표와 소비자물가지수 그리고 소매판매 보고서의 내용을 거의 실시간에 가깝게 각종 미디어들이 가져와서 읊어주기 때문에 스스로 해외 사이트를 뒤질 필요도, 해석에 많은 시간을 쓸 이유도 없다. 다만 중요한 것은 이런 것들이 어디서 어떤 경로로 발표되고, 지표가 나타내는 의미가 무엇이고, 시장에는 어떤 영향을 주게 되는지 정확히 아는 것이다. 뻔한 소리 같지만, 처음에는 어렵다. 하지만 자꾸 보다 보면 나름의 노하우가 생기고 해석도 쉬워진다. 그래서 미디어에 의존하지 말고 직접 자료(보고서)를 찾아보고 클릭해보는 것을 권하고 싶다. 아주 조금씩이지만 경제 흐름을 보는 통찰력에 큰 도움을 줄 것이다.

통제력

지출 통제와 예산 관리는 한몸이다

1. 소비 습관과 월급 통장에 대한 진실

부자가 되고 싶다면 소비 통제부터 먼저 배워야 한다. 소비 통제는 저축에서부터 시작된다. '선(先)저축 후(後)소비' 라는 만고진리의 말을 잊지 말자. 그리고 우리가 잘못 알고 있는 나쁜 소비 습관도 알아보자. 그리고 통장 관리도 새롭게 시작하자.

언제나 쥐꼬리라는 수식어가 따라다닐 만큼 직장인들의 월급이란 예나 지금이나 항상 부족하다. 그래서인지 직장 생활한 지 10년이 넘도록 변변한 목돈 한 번 손에 쥐어 보지 못한 사람도 많다. 그도 그럴 것이 옛날에 비해 요즘 직장인은 상상을 초월할 정도로 엄청난 소비 유혹에 시달리며 살고 있다. 하루 중 많은 시간을 SNS나 유튜브 영상 보기 등에 쓰는데 그곳에는 온통 갖고 싶은 것, 먹고 싶은 것, 하고 싶은 것들이 넘쳐 난다. 이런 사진이나 영상들을 보고 있으면 나도 자랑해야 할 것 같고, 나도 뒤처지면 안 될 것 같다는 생각이 든다. 조금 심하게 얘기하면 인증샷 때문에 물건을 구매하고 소비하는 유혹 속에서 살고 있다.

사람들도 자신이 이런 안 해도 될 소비를 하고 있다는 사실을 모르지 않는다. 그럼에도 자신도 모르게 매일 결제 버튼을 누르고 있다. 그래서 사람들은 돈이 모이지 않는 첫 번째 이유로 "소비 통제가 어렵다"는 사실을 꼽는다. 특히 이제 막 성인이 되었거나 SNS 사용도가 높은 2030일수록 가장 많이 꼽는 이유이기도 하다. 반면 월급만 가지고도 신기할 정도로 큰 돈을 모으는 사람도 있다. 그런데 이들은 놀랍게도 공통적으로 이런 말을 한다. "소비 통제가 안 되니 저축부터 먼저 해야 한다." 우리의 현주씨도 마찬가지였다(다들 기억할 것이다. 골드미스였다가 뛰어난 결단력으로 내 집까지 장만한).

　한 번은 이런 일이 있었다. 입사하고 몇 년 지나지 않아 회사 전체적으로 임금 인상이 일괄적으로 진행된 적이 있었다. 직급과 호봉에 따른 임금 인상이 아니라 전 직원 일괄적인 월 30만 원 인상이었다. 동료들은 삼삼오오 모여 이야기꽃을 피웠다. 앞으로 매달 30만 원이 더 추가로 들어온다고 하니 이걸로 무엇을 할까, 골프를 시작할까, 그동안 못다 한 쇼핑을 더 할까? 다들 상상만으로도 웃음이 끊어지지 않았다. 그런데 모두가 이렇게 즐거워하고 있을 때 현주씨는 남들처럼 이것저것 필요한 것, 평소 해보지 못한 것, 이런 것에 눈이 가기 전에 "이 돈을 빨리 묶어 놔야겠구나, 그렇지 않으면 헤픈 돈이 되겠구나"하는 생각을 가장 먼저 했다. 그래서 그녀는 급여 인상이 발표되고 얼마 지나지 않아 점심시간을 이용해 근처 은행으로 가서 정기적금을 들었다. 이 돈을 어떻게 해야 할지 좋은 아이디어가 생각나기 전까지 돈을 건드리지 못하도록 저축 가입을 한 것이었다.

돈을 잘 모으는 사람이라도 돈이 생기면 저축보다는 이렇게 쓰고 싶고, 저렇게 쓰고 싶은 유혹에 시달린다. 현주씨는 누구보다 이를 잘 통제하고 있었다. 그런데 여기서 한 번 더 놀랄 일이 있다. 현주씨가 은행에서 가입하고 온 적금 금액이다. 분명 월급은 30만 원 인상이라고 했는데 가입한 적금 금액은 40만 7천 원이었다. 그 이유가 무엇일까? 그녀는 당시 금리 5%로 1년 후 500만 원이란 목돈을 만들기 위해 40만 7천원을 납입하는 것으로 정했다고 했다. 그렇다면 월급은 30만 원 오르는데 저축은 10만 7천 원을 더 하게 되면 생활비에 펑크가 나는 것은 아닐까? 그런데 그녀는 일단 해보고 혹시 펑크가 나면 그때 저축 금액을 줄여도 늦지 않다고 생각했다고 했다. 저축은 먼저 기선제압을 하듯 일단 지르고 볼 일이다, 라는 것이 그녀의 설명이었다. 대출이나 소비는 저지르고 나면 뒷일 수습이 어렵지만 저축은 저지르고 나서 문제가 되면 낮추면 그만이라는 설명이었다.

정리하면, 현주씨가 부자가 될 수 있었던 소비 통제력의 비밀이란 안 쓰는 것에서 시작하는 것이 아니라 선(先)저축을 하는 것에서부터 시작되었다. 내 손에 돈이 있으면 소비의 유혹에 시달릴 수밖에 없다. 그러니 아예 내 손에서 돈을 없애는 것이 최고의 방법이다. 이를 다른 말로 바꿔보면 우리가 소비 통제가 안 된다고 하는 진짜 이유는 쇼핑을 너무 자주 해서가 아니라 저축을 너무 안 해서 그렇다고 말할 수 있다. 뭔가 머리를 한 대 탁 맞은 느낌이 들지 않나. 다시 한번 정리하면 쓰고 남은 돈으로 저축하는 것이 아니라 먼저 저축부터 하고 남은 돈으로 소비하는 것이다.

이처럼 우리가 소비와 관련해서 착각하는 것들을 다시 한번 살펴보자. 돈이 모이지 않는다고 항상 투덜거리는 사람들은 항상 이런 착각 속에 사로잡혀 있다.

할인을 꼭 챙기는 소비 습관?

현대인은 필요한 물건을 사는 것이 아니라 싸면 사는 습관이 있다. 대폭 할인된 물건을 구입하는 것이 현명한 소비라 생각하기 때문이다. 하지만 할인에 민감하게 반응하고 소비하는 습관은 오히려 돈을 모으는데 방해가 된다. 이런 습관은 결국 불필요한 물건을 싸게 사들이고, 사용하지 않는 물건을 집에 쌓아 두거나, 안 해도 될 것 안 먹어도 될 것을 과하게 더하는 결과를 낳는다. 즉, 가성비 높은 소비가 아니라 한계 효용을 체감하는 소비인 셈이다.

　현명한 소비를 위해 꼭 필요한 물건만 꼼꼼히 메모하고서 마트를 방문했지만, 일정 금액 이상 구매시 사은품을 준다거나, 하나를 더 사면 할인을 해준다거나, 상품권 증정 같은 이벤트가 있다고 하면 우리는 고민에 빠진다. 그리고 안 사면 손해가 될 것 같은 생각에 사로잡힌다. 꼭 필요했던 물건이 때마침 할인 행사를 하고 있다면 좋겠지만, 대부분은 전혀 생각지도 않던 물건을 싸다는 이유로 행사를 한다는 이유로 구입한다. 그리고 이렇게 구입한 물건을 잘 쓰면 좋겠지만 개인적인 경험에 비춰보면 세 개 중 한 개꼴로는 '괜히 샀다'가 되거나, 음식이라면 '더 이상 맛있지 않다'가 되어 버린다.

　홈쇼핑 채널을 보다 보면 쇼핑 호스트가 가장 많이 쓰는 멘트가 '마감 임박'이다. 사람들은 이익보다는 손실에 더 민감하다 보니 물건을 구입해 좋은 혜택을 얻으라는 강조보다, 마감되면 이 가격으로는 절대 사지 못하니 얼른 손해 보지 말고 빨리 구매하라는 식으로 우리의 마음을 흔든다. 하지만 현실에서는 정말 필요한 물건을 못 사서 생기는 손실보다 싸다는 이유로 불필요한 물건을 사서 입게 되는 손실이 더 크다. 따라서 현명한 소비는 가격이나 할인이 첫째 조건이 되어서는 안 된다. 그보다는 이 물건이 정말 필요한지, 당장 쓸 데가 있는지, 따지는 것부터 시작해야 한다.

이 세상에 필요 없는 물건이 어디 있겠는가? 어떤 것이든 있으면 다 좋다. 하지만 그것이 돈을 주고 살만큼 내게 필요한 것인가? 하는 질문은 소비 여부를 결정하는 핵심 요인이 되어야 한다. 인터넷 쇼핑으로 물건을 사는 경우, 마음에 든다고 해서 덜컥 결제 버튼을 누르지 말고 장바구니에 담아 두고 하루 동안만 곰곰이 생각해 보는 여유와 지혜가 필요하다. 그런 다음 정말 필요한 물건이라고 판단되면 그때 결제해도 늦지 않다.

월급날 통장은 하나면 충분하다?

2030 직장인을 상담하다 보면 본인 월급을 정확히 모르는 직장인이 많다. 통장에 금액으로만 찍히고 매월 공제되는 항목이나 금액 등이 조금씩 다르다 보니 매달 고정 급여가 어떻게 되는지 잘 모른다. 급여가 얼마인지 모르는 사람들은 당연히 자신이 한 달 동안 얼마를 쓰는지도 모른다. 직장인의 한 달 살림은 1년 열두 달 똑같이 반복되는데, 이렇게 반복되는 현금 흐름을 본인이 정확히 파악하지 못한다면 월급 관리는 불가능하다.

월급의 쓰임은 단순하다. 모으거나 쓰거나 아니면 통장에 남는다. 딱 이 세 가지밖에 없다. 그런데 왜 이토록 단순한 세 가지 현금 흐름을 정확히 알지 못하는 걸까? 이런 현상이 벌어지는 진짜 이유는 매월 달라지는 두 가지 현금이 있어서다. 즉, 저축은 딱 정해져 있어 변하지 않는 데, 쓰는 돈과 남는 돈이 각각 달라지기 때문이다. 그런데 이 돈 줄기가 서로 분리되지 않고 한 통장에 섞여 돌아가다 보니 당연히 한눈에 흐름이라는 것이 보이지 않게 된다.

통장이란 돈을 모아 놓는 일종의 돈주머니인데 한 주머니에 세 가지 용도의 돈이 한꺼번에 모여 있으며 흐름이 한눈에 들어오지 않는다. 통장에는 돈이 들어오고 나가는 현황이 자동으로 기록되기 때문에 사용한 내역을 따로 기록하지 않아도 어디에 얼마를 쓰는지 돈의 흐름을 정확히 알려 준다. 그런데 이를 하나의 통장에 통합적으로 쓰다 보면 월 기준으로 내가 지금 얼마나 소비했는지 금방 확인하기가 어렵다. 수입과 지출이 섞여 한눈에 들어오지 않다 보니 마치 눈을 감고 길을 걷는 듯한 기분으로 돈을 쓰게 된다.

만약, 고속도로를 달리는 데 현재 남은 연료의 양이나 속도를 보여 주는 계기판이 없다면 어떻게 될까? 그것만큼 불안하기 짝이 없는 일도 없다. 그래서 각각의 현금 흐름을 분리해서 관리할 수 있도록 급여 통장, 저축 통장(저축에 따라 여러 개가 있을 수 있다), 소비 통장(한달 쓸 돈을 입금시키는 통장) 이렇게 세 개로 나눠 사용하는 것이 좋다. 그러면 월급날은 이 세 개 통장 사이로 돈들이 서로 오가는 날이라고 보면 된다.

보통은 카드 사용을 많이 하고, 카드 대금이 급여 통장에서 바로 자동 이체가 되도록 많이 해두기 때문에 따로 소비 통장을 안 만드는 경우가 많은데, 꼭 분리해서 한 달 쓸 돈을 넣어두고 그 돈 안에서 카드 비용을 충당하면서 어느 항목이 오버되어 지출되었는지, 소비를 더 줄이려면 뭘 줄여야 하는지 내 눈으로 정확히 확인하는 게 중요하다.

지금 당신의 옷장을 한번 열어보자. 내부가 어떻게 정리되어 있는가? 셔츠와 타이, 바지와 양말, 겉옷과 속옷 등이 모두 한데 뒤섞여 있는가? 아마도 종류별로 정리해 놓고 필요할 때마다 편리하게 꺼내 입도록 되어 있을 것이다. 돈 관리도 이와 다르지 않다는 것을 알아야 한다.

2. 3단계 예산 관리 시스템

고정지출, 변동지출, 기타지출. 이 세가지 지출 항목에 대해 각각의 예산을 두고 관리한다. 이것이 바로 3단계에 해당하는 예산 관리 시스템이다. 이 정도로까지 쪼개서 관리하지 않으면 부자 되기는 요원한 일이다.

　월급으로 자수성가형 부자가 된 사람들은 하나같이 목돈을 만들기 위해 굉장히 많은 저축을 했다고 말한다. 많은 저축을 하려면 당연히 소비를 줄여야 한다. 그런데 한두 해 줄인다고 목돈이 만들어질까? 아니다. 적어도 5년, 10년 이상의 장기 계획을 세우고 저축을 늘리고 소비를 줄여야 가능하다. 그런데 대부분 직장인들은 초기에는 열심히 아껴 쓰고 저축도 하지만 몇 달 혹은 몇 년이 지나면 여러 가지 이유와 변수 등으로 소비 통제가 처음처럼 되지 않는다. 그렇다면 어떻게 해야 오랜 기간 돈을 덜 쓰고 살 수 있을까? 해답은 바로 '예산'이란 관리 장치에 있다. 목표가 있고 그것을 가능하게 하는 예산이 있다면 적은 소비를 하더라도 불편함이 없다.

소비예산

실제로 명확한 소비예산을 가지고 있는 경우와 그렇지 않은 경우, 돈 관리에서 어떤 차이가 발생할까? 등산을 잘하는 사람은 경치 좋은 곳에서 쉬고, 등산을 못하는 사람은 힘들면 쉰다는 말이 있다. 이 말은 결국 산을 알고 오르는 것과 모르고 오르는 것의 차이를 말한다.

한 번도 올라 보지 못한 아주 높은 산을 등반한다고 해보자. 한 사람에게는 사전 정보를 주지 않고 오르게 했다. 당연히 발길 가는 대로 산을 오르다 힘들다 느껴지면 쉬고 그렇지 않으면 다시 오르기를 반복한다. 이 사람은 등산이라는 체력적인 고통 외에도 도대체 얼마를 더 가야 정상인지 모른다는 스트레스까지 더해져 자주 피로감을 느낀다. 반면 다른 한 사람에게는 지도를 주고 일반적인 등반 속도를 고려하면 어느 정도가 걸리는지 구간별로 미리 알려 주었다. 자연히 출발 전 등산에 대한 계획이나 중간에 쉬는 시간 등을 정할 수 있다. 이 사람은 앞의 사람과 같은 체력적 고통이 와도 자신이 얼마나 속도를 더 내야 하는지, 반대로 얼마나 더 여유를 가져도 되는지 알고 있기 때문에 힘들지 않게 정상에 도착할 수 있었다.

이 차이는 어디에서 비롯되는 걸까? 로드맵이 있고 없고의 차이이다. 과정을 안다는 것은 결국 더 적게 휴식을 취하면서도 더 빨리 정상에 도착 하도록 도와 준다. 이 방식은 소비 생활에도 동일하게 적용할 수 있다. 많은 사람들이 큰돈을 모으지 못하는 이유도 "많이 소비하면 행복하고 적게 소비하면 불행하다" 라는 생각 때문이다. 하지만 소비에서 느끼는 만족감은 돈의 크기에 있는 것이 아니라 내가 얼마를 쓰는 것이 적절한지 예산을 아느냐 없느냐로 봐야 한다.

내가 써야 할 금액을 알고 소비하는 것과 그때그때 필요에 따라 소비하는 것은 똑같은 돈을 쓰고도 만족도에서 큰 차이를 보여준다. 예산 없이 절제하지 못하는 소비는 바닷물을 마시는 것처럼 마시면 마실수록 목만 타게 된다. 어디까지 쓰는 게 맞는지 모르다 보니 소비에 대한 불안감도 가중된다. 돈을 쓰고도 행복하지 못하다. 하지만 예산을 짜고 예산 대로만 돈을 쓰게 되면 적은 돈이라도 아주 만족하며 쓰게 된다. 이것이 돈 관리의 핵심이다.

세 가지 지출 항목

월 소비예산이란 급여통장에서 매월 소비통장으로 이체해 항상 동일하게 사용하는 금액으로 고정지출과 변동지출 그리고 기타지출로 이루어져 있다. 예산 관리를 하지 않으면 정해진 예산에 맞춰 돈을 쓰지 못하고 매월 소비가 달라진다. 교통비, 관리비, 공과금 등의 고정지출은 크게 달라지지 않지만 외식, 문화생활, 쇼핑 등의 변동지출은 달라질 가능성이 매우 높다. 여행, 고가 의류 구입, 집안 대소사, 경조사, 각종 기념일 등 특정한 때나 계절에만 사용되는 기타지출도 월 소비 금액을 변동시키는 주요 원인이 된다. 따라서 예산 안에서 소비를 적절히 유지하기 위해서는 항목별 예산을 두고 따로 관리하는 것이 좋다.

예산 계획은 한 번에 정확하게 세워지지 않는다. 몇 개월에 걸쳐 계획했다 고치기를 반복해야 행복감이 최고가 될 수 있는 금액을 정확히 알 수 있다. 만약 "당신의 월 소비예산은 얼마인가요?"라는 질문에 바로 답하지 못한다거나 대충 "얼마입니다" 정도로 말한다면 정확한 예산 없이 돈을 쓰고 있다고 봐야 한다. 약 80에서 100만 원 정도? 이렇게 두루뭉술하게 답하는 것은 결국 80을 써야 하는데 자꾸 100을 쓰게 된다는 사실을 스스로 실토하는 것과 다름없다. 그리고 그렇게 매번 지키지 못하는 돈이라면 이미 예산은 아니라고 봐야 한다.

3단계 예산 관리

예산 관리에는 3단계가 있다. 1단계는 매월 사용하는 전체 예산 계획만 갖고 있는 경우이다. 대부분의 사람들은 1단계 정도로만 돈 관리를 한다. 2단계는 월 소비예산 중에서 고정지출과 변동지출 그리고 기타지출까지 정해 둔 것을 말한다. 여기까지 해야 돈 관리를 어느 정도 한다고 할 수 있다. 여기서 한 단계 더 나간 3단계는 변동지출의 세부 항목(외식비, 쇼핑 및 유흥비, 문화생활비)과 기타지출의 세부 항목(여행, 계절성지출, 경조사, 이벤트)까지 정해 놓는 것을 말한다. 만약 3단계까지 계획을 짜고 관리하고 있다면 거의 완벽하다고 할 수 있다. 그물처럼 촘촘히 관리되어 있어 아마도 십 원짜리 하나도 낭비되는 구석이 없을 것이다.

요즘은 가계부 앱이 매우 유용해서 지출의 세부 항목별로 예산을 정하고 카드 사용에 따라서 자동으로 잔액을 알려 주는 기능도 있다. 이런 기능을 잘 활용하면 3단계까지의 예산 관리가 결코 복잡한 일이거나 머나먼 얘기가 아니다.

부자들은 결국 이 3단계까지의 예산 관리를 효율적으로 하는 사람들이다. 월급 300만 원을 받는 직장인 김애리 씨의 경우를 보자. 그녀는 부모님과 함께 거주하면서 고정비를 절약할 수 있었다. 그래서 다른 1인 가구 친구들보다 좀 더 빨리 목돈을 모으겠다는 마음을 갖고 1억 모으기에 도전했다. 그녀의 예산 짜기, 어떻게 될까? 사실 그녀는 현주씨 팀에 들어온 신입 사원으로 현주씨와 이야기하다 사회초년생으로서 어떻게 예산을 짜면 좋을지 별도의 조언을 듣기로 했다.

현주씨는 자신이 했던 방식을 그대로 알려주었다. 가장 먼저 얼마를 쓸지부터 정하는 것이 아니라 1억 모으기라는 목표에 맞춰 저축액을 정하고, 그런 다음 소비예산을 짜도록 했다. 이것이 현주씨가 해준 핵심 조언이었다. 이 말은 직장인의 돈 관리 프로세스가 "벌고 → 모으고 → 쓰고"의 단계가 되어야 한다는 것을 의미한다. 그런데 알다시피 대부분의 직장인은 "쓰고 → 벌고 → 갚고 → 모으고" 방식으로 돈을 관리한다. 이렇게 하면 모으는 단계에 와서는 거의 돈이 남아 있지 않게 된다.

현주씨는 애리씨가 구체적으로 실천할 수 있도록 다음과 같이 정리해주었다. 일단 1억 모으기에는 3년 월 267만 원, 4년 월 197만 원, 5년 월 157만 원 방법이 있는데 이중 하나를 골라서 실천해야 한다. 이중 현주씨는 애리씨에게 4년 동안 1억 모으기를 권했다. 하지만 애리씨는 불안한 표정을 감출 수 없었다. 월급으로 300만 원을 받는데, 197만 원을 저축하고 나면 103만 원으로 한 달 생활이 가능할까? 걱정이 되지 않을 수 없었다. 4년 후에 내 손에 목돈 1억이라는 돈이 생긴다고 생각하면 내심 기분이 좋아지기는 하지만, 103만 원으로 한 달을 산다고 생각하니 불가능하지 않을까 하는 생각이 들었다.

현주씨는 애리씨에게 이런 말을 들려주었다. "만일 내년에 월급이 단 10만 원이라도 인상된다면 아니 5만 원이라도 인상된다면 쓸 수 있는 돈도 늘어난다는 점을 기억해라." 그리고 이런 이야기도 덧붙였다. "우리나라 20대 청년 중 한 달 동안 103만 원으로 생활하는 사람들이 과연 얼마나 될까?" 엄청나게 많다. 그런데 월급 300만 원을 받으면서 월 103만 원으로 생활하는 사람은 얼마나 될까? 좀 전과는 반대로 얼마 되지 않는다. 그러면 왜 누구는 가능하고 누구는 불가능한 것일까? 바로 생각의 차이 때문이라는 게 현주씨의 지적이었다. 내가 300만 원이나 버니까 더 이상 103만 원 이하로는 생활할 수 없다고 스스로 생각하는 것 자체가 문제다, 라는 것이 현주씨의 조언이었다. 현주씨는 이런 고정관념을 깨는 게 중요하다고 강조했다. 4년 후 1억 원이란 목돈을 만드는 일은 안전한 비행을 위해 상공 11km까지는 일단은 올라가야 하는 일과도 같다. 하면 좋고 아니면 말고의 문제가 아니라 반드시해야 한다는 마음을 가져야만 1억 원이 모인다고 현주씨는 강조했다. 애리씨는 현주씨의 조언대로 월 197만 원을 저축하고 나머지를 생활비로 쓰는 것으로 1단계 예산 짜기를 마무리했다.

이제 2단계 예산 짜기로 넘어가 보자. 2단계는 고정, 변동, 계절지출에 대한 예산 짜기이다. 여기에서 제일 어려우면서 실패할 확률이 높은 것이 계절지출이라고 현주씨는 귀띔했다. 계절지출이란 때가 되면 찾아오는 명절과 휴가, 기념일, 각종 이벤트 같은 것을 말하는 것으로 매달 까지는 아니지만 1년에 한두 번은 반드시 쓰게 되는 지출 항목을 말한다. 여기에는 자동차 보험료, 재산세, 계절에 따른 의복 구입비 등이 포함된다. 그런데 이런 지출일수록 소비 단위가 크다는 게 문제다. 그래서 이런 계절지출이 있는 달은 저축을 못하는 핑계를 대기도 쉽다. 그래서 현주 씨는 이런 지출을 따로 떼어서 관리하는 것이 중요하다고 했다. 즉, 계절지출을 대비한 통장을 따로 만들어 두고 매월 12분의 1 만큼을 자동이체로 송금하거나, 상여금 등을 받았을 때 이 통장으로 채워 두면 좋다고 했다. 통상 계절지출은 자신의 월소득 대비 1배에서 1.5배 이내로 예산을 짜는 것이 가장 적당하다는 말도 덧붙였다.

애리씨는 현주씨의 조언대로 연간 300만 원을 계절지출 예산으로 설정했다. 년 300만 원을 모으려면 월 25만 원씩 자동이체로 넘어가게 하면 된다. 그러면 년 300만 원 예산 안에서 여행이며 기념일 등의 소비를 해결하면 된다. 애리씨는 명절에 쓸 돈으로 30만 원, 여행과 휴가로 150만 원, 그 외 기념일로 50만 원, 코트 같은 계절성 의복비에 70만 원을 책정했다. 이렇게 예산을 세우고 나니, 취업 후 반드시 유럽 여행을 가겠다고 한 생각을 직장 생활 2년 차가 된 다음으로 미뤄야겠다고 더욱 구체적으로 정할 수 있었다. 훨씬 더 현실적인 목표를 가지게 된 셈이었다.

이제 고정지출을 따져보자. 애리씨의 경우 고정지출로 교통비와 통신비 그리고 기부금 등으로 한 달에 약 25만 원 정도가 필요했다. 이 고정지출을 계절 지출과 함께 월 급여에서 빼고 나면 애리씨가 한 달 자유롭게 쓸 수 있는 돈은 53만 원이 된다. 그러면 자연스럽게 변동지출에 해당하는 외식과 문화생활, 쇼핑 등에 쓸 수 있는 예산은 정해진다. 현주씨는 애리씨에게 53만 원 안에서 내가 적당히 알아서 쓴다고 생각하지 말고, 53만 원 조차도 세세하게 항목을 따져보고 예산을 세우는 게 좋다고 조언했다. 그러면서 이럴 때는 지난 3개월 동안 사용한 카드 내역을 참고하라고 했다. 애리씨는 이 말을 듣고는 자신의 카드 사용 내역을 보고 외식비 25만 원, 쇼핑 및 유흥비 20만 원, 문화생활 8만 원으로 예산 항목을 만들었다.

이처럼 예산을 정하고 돈을 쓰게 되면 만 원짜리 한 장을 쓰는 데에도 신중해질 수밖에 없고, 스스로 최대한 가치 있게 그리고 효용성 높게 돈을 쓰려고 노력하게 된다. 그리고 예산 없이 돈을 쓸 때와 다르게 만 원 한 장의 가치가 얼마나 소중하고 귀한지 알기 때문에 1만 원을 쓰더라도 10만 원을 쓴 것 같은 만족감을 얻게 된다. 그리고 지금 오버해서 돈을 쓰는지, 적절하게 쓰는지 스스로 알게 되어 돈에 대한 스트레스도 줄일 수 있게 된다.

만들면 답답하고 숨 막힐 것 같지만, 돈을 쓸 때마다 소비에 대한 염려도 없애 주고 편안함을 주는 것이 예산이다. 이것이 현주씨가 가르쳐준 1억을 모으는 비법이었다.

　지금까지 세 가지 지출 항목과 3단계 예산 관리 시스템에 대해 알아보았다. 그리고 현주씨가 후배 애리씨에게 어떻게 가이드 했는지도 세세히 살펴보았다. 여러분이 현주씨처럼 부자가 되고 싶다면 현주씨가 애리씨에게 했던 조언을 깊이 새겨야 한다. 내 월급이 꼭 300만 원이 아니더라도 애리씨가 월 300만 원으로 저축과 소비예산을 짠 것을 참고삼아 나에게 적절한 예산 관리 시스템을 만들어 두면 좋다.

　책 다 읽고 나서 해야지 하면서 미루지 말고 지금 당장 빈 종이를 가져다 놓고 예산을 짜보자. 잠시 독서를 멈춰도 좋을 정도로 중요하다.

3. [매일 습관] 소비 간격을 조절하는 법

> 매일 나의 소비를 리뷰해보자. 무엇에 썼는지, 적절하게 쓴 것인지 생각해
> 보는 정도면 된다. 이를 도와주는 여러 앱들도 많이 개발되어 있다. 소비
> 점검이 일상화되면 소비 간격 조정을 통해 소비 효용을 끌어올릴 수 있다.
> 돈을 안 써도 행복해지는 방법이다.

언젠가 아이들에게 이런 질문을 받았던 적이 있다. 하늘에는 길도 이정표도 없는데, 비행기는 어떻게 수천 킬로미터 떨어진 목적지에 정확하게 도착할 수 있느냐는 질문이었다. 내가 이쪽으로는 문외한이다 보니 대충 얼버무리며 답을 했던 기억이 난다. 그러다 최근 한 전문가를 만나면서 그 원리를 정확히 알게 되었다.

하늘에는 눈에는 보이지 않는 길 '항로'라는 것이 있는데, 비행기는 이 항로를 따라서 비행을 한다고 했다. 그런데 문제는 이 길이 지상의 길처럼 눈에 보이지 않다 보니 GPS 등을 이용해 따라 간다 하더라도 오차 없이 완벽하게 비행하는 것이 어렵다는

것이다. 즉, 비행하면서 조금씩은 항로를 벗어나게 되는데 이 오차를 줄이기 위해 목적지와 계속 통신을 반복하면서 항로를 수정하고 또 수정하고 이 과정을 수만 번 거치면서 정확히 이동한다고 했다. 바로 항법 제어 시스템이다. 이런 과정을 거쳐 정확하게 목적지에 도착할 수 있다는 얘기를 들으니 신기하다는 생각이 들었다. 그런데 이 얘기를 듣고 돈 관리도 이와 다르지 않다는 생각이 들었다. 목적지에서 보내오는 정보를 계속 피드백하며 오류를 끝없이 수정한다는 원리는 부자들이 자신의 소비를 계속 점검하는 것과도 매우 비슷하다.

소비 내역 적고, 한번 쯤 생각하고

세상 어느 누구도 본인이 계획하고 설정한 길을 정확하게 놓치지 않고 따라가기는 쉽지 않다. 모든 분야가 그렇겠지만 돈 관리 역시 마찬가지다. 처음에는 어떻게 저축할지 또 얼마나 소비할지 명확한 계획을 세웠다 하더라도 계획대로 되는 것은 쉬운 일이 아니다. 따라서 자주 리뷰 함으로써 계획에서 얼마나 벗어났는지 확인하는 것이 중요하다. 이 간격이 짧으면 짧을수록 좋은데(그래야 오차를 조정하기 쉬우니), 이를 위해 데일리 리뷰라는 것을 해보자. 다만, 리뷰가 시간을 많이 잡아먹는 귀찮은 일이 되면 습관으로 만들기 쉽지 않으니, 짧은 시간안에 가볍게 할 수 있도록 하는 것이 핵심이다.

데일리 리뷰는 가계부를 적는 것과 매우 흡사하다. 평소에 가계부를 쓰고 있다면 이미 데일리 리뷰를 실천하는 셈이다. 데일리 리뷰에서는 그 날의 소비 내역을 적고 잠깐 동안 어제보다 돈을 적게 쓴 이유, 반대로 어제보다 돈을 많이 쓴 이유 등을 생각해보면 된다. 적고 한 번쯤 생각하고 이것이 전부다. 그런데 이 일이 습관이 된다면 실로 엄청난 변화가 만들어진다. 현주씨도 오랫동안 잊지 않고 이를 실천하고 있다(현주의 다이어리 기억날 것이다. 그녀의 다이어리에는 경제 공부 흔적도 있지만 소비 내역에 대한 기록도 있다).

자신의 소비를 기록하게 되면 돈을 쓸 때마다 만족도가 가장 높은 선택을 할 수 있는 요령이 생긴다. 사람들이 하는 소비는 모두 똑같아 보이지만 그것을 소비하면서 느끼는 만족도는 다를 수밖에 없다. 즉, 만족도가 높은 소비를 하게 되면 더 적게 쓰고도 많은 돈을 쓴 것 같은 효과를 얻을 수 있다는 것이다. 이 얘기를 거꾸로 하게 되면 소비를 줄여도 동일한 만족도를 얻을 수 있다는 것을 의미한다.

잠깐 애리씨 이야기로 다시 돌아가보자. 애리씨는 4년 후 1억이라는 목표를 세우고, 계절지출로 년간 300만 원을 쓸 수 있다는 든든함이 있었다. 하지만 매달 53만 원으로 생활하는 일은 결코 만만한 일이 아니었다. 애리씨처럼 한참 멋 부리고 다양한 굿

즈 등을 사 모으는 재미를 느낄 나이에 특별한 동기 없이 통제된 삶을 산다면 금방 지칠 수도 있고 예산안을 깰 수도 있다. 때로는 돈을 쓸 수 없다는 사실에 스스로를 불행하다고 생각하거나 이대로는 살수 없다고도 생각할 수 있다. '욜로'라는 말이 유행하게 된 것도 어쩌면 이런 반작용 때문이라 할 수 있다. 하지만 많을 사람들이 착각하는 것이 돈을 많이 쓰면 자유롭고 기분이 좋지만 돈을 쓰지 못하면 답답하고 행복하지 못할 것이란 선입견이다. 과연 이 생각이 맞는 걸까?

소비 간격의 조절

'한계효용체감의 법칙'에 대해서는 다들 한 번쯤 들어봤다. 똑같은 사과 세 개가 있다고 했을 때 첫 번째 사과를 먹었을 때에는 새콤달콤한 맛이 일품으로 느껴지지만 두 번째, 세 번째로 갈수록 달콤한 맛은 덜 느껴진다. 물건의 소비를 하나씩 늘리게 되면 당연히 총효용(총만족감)은 늘어나겠지만 각각의 효용(만족감) 증가폭은 줄어들게 된다. 이를 소비에 접목해보면 하루에 사과 세 개를 먹지 않고 하나씩 먹는 걸로 소비 간격을 조절해도 훨씬 만족도가 높은 소비를 경험할 수 있게 된다는 것을 뜻한다.

이처럼 소비 간격을 조절한다는 것은 주어진 예산에서 최고의 효용을 얻을 수 있는 방법이다. 이는 쇼핑을 무의식적인 소비 습관에서 즐거운 놀이나 값진 체험으로 바꿀 수 있다는 것을 의미한다. 이 출발은 다시 한번 얘기하지만 나의 소비를 점검하고, 그 내용을 다이어리에 적어 보는 것에서 시작한다. 기록하다 보면 굳이 하지 않아도 됐을 소비들을 발견하고 이를 바로잡게 된다. 그리고 한 번에 사기보다 나눠서 사는 법을 익히게 된다. 또 충동 결제를 막고 소비를 미루는 여유를 얻게 된다. 자주 먹는 치킨이지만 어느 날 정말 맛이 없게 느껴진다면, 늘 사먹던 커피가 쓰기만 하다면, 맛에 대한 컴플레인을 하기 전에 내가 하는 소비에 대해 리뷰부터 해보는 것이 우선이다.

최근에는 불필요한 소비, 효용도가 떨어지는 소비를 없앨 수 있는 방법으로 데일리 리뷰를 도와주는 앱들이 많이 나왔다. AI 서비스가 장착되어 스스로 결제 항목을 보고서 쇼핑인지, 외식인지 구분해서 지출 정리도 해준다. 별다방에서 커피 한잔을 마시고 나면 "주인님 문화생활비 예산에서 4,500원이 차감되어 현재 75,500원이 남아 있습니다" 이런 안내도 받을 수 있다.

결국 앱을 이용하고 가계부를 쓰는 것도 해야 의미가 있고, 습관이 되어야 관리가 된다. 다들 다운로드는 열심히 받지만 막상 열어보지 않고 기록하지 않는다면 아무 소용이 없다. 부자가 되는 방법이 매일 가계부 앱을 한 번씩 여는 것이라고 한다면 망

설일 이유가 없다. 귀찮은 일이 아니라 부자가 되는 일이라고 생

각하면 된다.

4. [주간 습관] 가장 어려운 변동지출 관리

변동지출 항목을 체크하며 오버한 것은 없는지, 적게 쓴 것은 없는지 확인하자. 예산을 잘못 책정한 게 있으면 항목별로 예산을 주고받자. 당연한 얘기지만 전체 예산을 늘려서는 안 된다. 변동지출에 가장 영향을 주는 것이 쇼핑 유흥이다. 어떻게 관리할 수 있는지 현주씨의 팁도 들어보자.

요즘은 다들 신용 카드로 물건을 사고 결제하는 것이 기본이다. 그런데 카드라는 것이 한 달 먼저 쓰고 뒤이어 돈을 갚는 방식이라 자칫 내가 써야 할 돈의 범위를 넘겨 지출을 해버리고 다음 달 돈을 갚지 못하는 일이 종종 발생하기도 한다. 설마? 라고 말하고 싶지만, 의외로 한 달씩 쓰고 메꿔가며 살아가는 사람들이 참 많다. 나도 모르게 카드 노예가 된 것이다. 어떻게 여기에서 벗어날 수 있을까? 혹은 어떻게 해야 여기에 빠지지 않을까?

"저는 평소에 과소비 같은 건 안 해요. 어려서부터 물건 아껴 쓰는 게 습관이 돼서, 그렇게 생각 없이 돈 쓰는 사람이 아니랍니다." 많은 사람이 스스로를 이렇게 생각한다. 절대 그럴 일이 없다고 자신을 과신한다. 그런데 이런 사람들이 자주 범하는 오류 중 하나가 바로 10만 원을 넘어서는 소비는 없지만, 1만 원에서 2만 원 사이의 소소한 소비는 많다는 사실이다. 만 원짜리 이거 자주 사봐야 얼마 안 된다고 생각하고는 카드 결제를 남발했다가 가랑비에 옷 젖는다는 속담처럼 되고 만다. 쇼핑몰도 이런 심리를 잘 알고서 없어도 그만이지만 왠지 있으면 더 귀엽고 좋을 것 같은 1만원 내외의 자잘한 상품들을 만들어서 히트 상품이라며 끊임없이 보여준다(혹자는 이런 걸 '예쁜 쓰레기'라고 한다). 이런 소비들이 쌓이게 되면 그야말로 가랑비에 옷 젖는 식으로 변동지출 항목으로 소비가 확 늘어난다. 그래서 아무리 한 달 동안 쓰는 돈이 빤하다 하더라도 실제 내 평균 지출 금액을 알고 돈을 쓰는 것과 그냥 내키는 대로 쓰는 것에는 큰 차이가 있을 수밖에 없다. 그러니 내 씀씀이를 알고 쓰는 것인지, 오버하면서 쓰고 있는 것인지 체크하는 것은 너무나도 중요하다.

고정지출은 이미 지출 항목과 지출 금액이 결정된 경우라 크게 바뀌는 일은 없지만, 변동지출은 말 그대로 변동성이 있을 수밖에 없다. 따라서 이 돈을 매달 나가는 고정지출처럼 일정하게 관리할 수만 있다면 정말 좋은 일이 아닐 수 없다. 이번 글에서는 가장 관리가 어려운 변동지출 관리 요령에 대해서 알아보자.

변동지출 성격 이해하기

변동지출은 통상 외식비, 쇼핑유흥비, 문화생활비 이렇게 세 가지로 구분할 수 있다. 이 세 가지 중 어디에도 들어가지 않는 의료나 경조사비는 기타로 분류하자. 하나씩 살펴보자.

외식비란 말 그대로 밖에서 사 먹는 식사 비용을 말한다. 최근에는 커피나 디저트 같은 것들이 포함되면서 과거보다 지출의 범위가 무척 넓어졌다. 그래서 변동지출 안에서도 외식비는 별도의 월 예산을 가지고 관리하는 것이 좋다. 그래야 굳이 안 먹어도 될 커피를 줄일 수 있다. 쇼핑유흥비는 이것저것 사게 되는 온라인 쇼핑과 유흥 또는 레저에 사용되는 금액을 말한다. 특히 쇼핑은 일상에 필요한 소소한 소모품에서부터 의류나 가방 등 비싼 물건 등도 포함된다. 그래서 변동지출 중에서 가장 유동성이 큰 항목이다. 어떤 달은 확 올라갔다가 어떤 달은 확 떨어지기도 한다. 문화생활비는 스포츠, 영화, 공연, 음악 감상, 도서 구입 등 문화생활에 사용되는 비용으로 앞서 외식비와 쇼핑유흥비보다 필요성 면에서는 후순위로 밀리는 항목이다.

어떤 사람이 외식비 50만 원, 쇼핑유흥비 30만 원, 문화생활비 20만 원 이렇게 항목별로 예산을 구분해서 사용한다고 해보자. 이 비율은 누가 정해주는 것일까? 자신의 소비 습관을 체크해서 스스로 정해야 한다. (과거 몇 달 치 카드 내역을 살펴 보라고 했다).

그래야 한쪽에 치우치지 않는 소비를 할 수 있고 부득이하게 돈이 나가는 상황도 줄일 수 있다. 그리고 일종의 소비 안배도 가능하다. 예를 들어, 외식비를 50만 원 이내로 사용하는 것이 적절한데 이를 초과하게 되면 초과한 것만큼 쇼핑유흥비나 문화생활비를 줄이는 것으로 안배를 가할 수 있다. 그런데 문화생활비를 초과해서 썼다면? 문화생활비는 절대 소비의 성격이 있어 다른 항목으로 비용을 대체하기가 쉽지 않다. 그래서 이런 경우 십중팔구 월 예산인 100만 원을 오버할 가능성이 높아진다. 그래서 예산을 짤 때 항목별로 나누되, 이 또한 우선순위를 두고서 사용하는 것이 가장 좋다. 즉, 적절한 비용을 정하는 데 있어 변동 가능성이 적은 것부터 우선하여 비용 책정을 해둬야 한다.

현주씨의 변동지출 관리법

이 대목에서 우리의 현주씨를 다시 소환해보자. 현주씨의 변동지출 리뷰에 대한 메모를 살펴보자. 현주씨의 다이어리 메모를 보면 알겠지만 무슨 특별한 정리법이 있는 것은 아니다. 상식선에서 정리를 하고 있다. 현주씨는 월 변동지출 예산으로 155만 원을 쓰고 있고 그 중 외식비 80만 원, 쇼핑유흥비는 55만 원, 문화생활비로 20만 원의 예산을 사용하고 있다. 그런데 어느 주의 현주씨 다이어리에 이런 메모가 있었다. '외식비 과잉' '쇼핑유

홍비 적절' '문화생활비 적절'. 그 주는 알고 봤더니 재택근무와 연차 휴가로 한 주에 쓸 외식비 중 상당액을 주 초에 지출해버린 주였다. 현주씨는 이렇게 간단히 메모를 남기며 전체적으로 변동지출이 절대로 오버슈팅(예산을 넘는 지출)이 되지 않도록 조정하고 있었다.

변동지출의 항목별 예산은 이름 그대로 고정되어 있는 것이 아니라 상황에 따라 변동될 수 있다. 변동 가능성이 높기 때문에 주간이나 월간 단위로 소비를 리뷰하는 것이 중요하다. 현주씨가 가계부를 쓰고 주간 리뷰를 하는 이유도 자신의 예산과 지금의 소비 패턴이 잘 맞는지 확인하기 위해서다.

매월 외식비로 50만 원으로 예산을 책정하고 적절하게 사용 중이었는데, 갑자기 다이어트를 선언하고 식비를 대폭 줄이기로 했다면? 이 또한 리뷰를 통해서 지출 폭을 조정하면 된다. 그리고 줄어든 식비는 피트니스 클럽 비용으로 이동시켜 문화생활비를 그만큼 더 책정하면 된다. 친구와의 해외여행을 계획하고 있어 여행 준비를 위한 각종 물품 구입이 예상된다면, 외식을 줄이고 쇼핑예산을 늘리면 된다. 이처럼 지출 조정을 하는 것이 주간에 해야 할 변동지출 관리이다.

쇼핑 중독 탈출법

쇼핑과 관련해서 몇 가지만 더 얘기해보자. 우리의 변동지출 관리를 가장 힘들게 하는 것이 쇼핑이고, 그중에서도 인터넷 쇼핑이 있다. '쇼핑 중독' '택배 중독'이라는 말이 있을 정도로 쇼핑 욕망은 관리하기가 쉽지 않다. 유명 쇼핑몰 등에서는 구독 서비스까지 실시하면서 좀 더 싸고 편리하고 빠른 배송을 미끼로 온갖 것들을 사 모으도록 유혹한다. 여기에 중고물품 구매 앱 등이 활성화되면서 과소비에 대한 죄책감도 줄어들고 있다. 즉, 사놓고 안 쓰면 중고로 팔면 되지 하는 심리가 과소비를 더욱 부채질한다. 이런 분들에게 제안하고 싶은 것이 하나 있다.

혹시 '결제 3심 제도'라고 들어본 적이 있는지 모르겠다. 필자가 TV나 유튜브 방송 등에 나갈 때마다 많이 소개하는 제도다. 쉽게 얘기해 결제하기 전 세 가지만 물어보고 하라는 것이다. 1심은 "정말로 필요한 것인가(없으면 안 되는 것)?" 2심은 "예산은 있는가(쇼핑예산이 부족하면 이월하라)?" 3심은 "대체재는 없는가(더 싸게 대신할 수 있는 방법도 알아보자)?"이다. 이 3심 제도만 잘 지켜도 쇼핑 중독에서 벗어날 수 있다. 만약 내가 과하게 쇼핑을 하고 있다고 생각한다면 이 3심 제도를 활용해보면 좋겠다.

이제 정리를 해보자. 현주씨의 지출 관리는 데일리로는 고정지출 중심의 기록, 주간 단위로 변동지출의 항목을 확인하고 전체 예산 조정, 이런 식의 패턴을 갖고 있다. 그리고 이 시작은 다이어리(혹은 앱)에 내 소비를 기록하는 습관에서부터 시작한다.

자수 성가형 부자라고 해서 특별한 노하우가 있는 것은 아니다. 꼼꼼한 기록과 매일 체크, 주간 체크를 통해서 소비를 조정하고 이슈 발생에 전체 예산을 조정하는 노하우 정도다. 그동안 우리는 조금 귀찮다는 이유, 매달 쓰는 게 비슷하다는 이유, 난 그렇게 과소비하는 사람이 아니라는 이유 등으로 더 아낄 수 있는 돈을 아끼지 못하고 있다. 사회 초년생일수록 현주씨의 다이어리 쓰기를 꼭 본받았으면 좋겠다.

5. [월간 습관] 경제적 자유의 진짜 의미

주간 단위의 지출 점검을 바탕으로 월 예산 항목을 조정하는 의사결정을 해보자. 이 일을 매달 할 필요는 없다. 몇 번만 하면 최적의 소비예산이 나온다. 이는 지출 통제의 강력한 기준이 되고, 경제적 자유의 기초가 된다.

많은 사람들이 돈 관리를 월 기준으로 한다. 꼭 월급 받는 사람이 아니라 하더라도 통상 월 단위로 수입과 지출을 따져 보고 정산을 한다. 저축하는 것도, 전기료와 관리비 같은 공과금을 내는 것도, 개인이 사용한 카드 금액의 결제도 모두 월 단위로 진행된다. 이처럼 한 달이라는 시간은 돈 관리 기준의 핵심 단위다. 당연히 우리의 소비도 월 단위로 돌아보고 예산이 적절한지 예산에 맞춰 문제없이 생활하는지 살피는 것이 좋다. 당연한 얘기겠지만, 적절하지 않은 예산이 있다면 줄여야 하고, 정말 필수 불가결한 항목이 생겼다면 늘려야 한다.

경제적 자유를 누리게 해주는 월 단위 관리

월 단위의 소비예산을 강조할 때마다 종종 듣게 되는 말이 있다. 항목마다 예산을 타이트하게 설정해 놓고 살면 숨 막히고 답답할 것 같다라는 말이다. 그런데 과연 그럴까? 평생 돈 관리를 철저하게 해온 고수들과 자수성가형 부자들에게 물어보면 좀 다르게 이야기한다. 오히려 월 예산을 철저하게 챙기는 일이 경제적 자유를 더 누리는 방법이라고 말한다.

돈은 유한한 자원이다. 따라서 돈을 쓰면서 전혀 거리낌이 없이 사용하는 사람은 단 한 명도 없다. 돈이 아무리 많은 사람이라도 마찬가지다. 따라서 예산을 만들고 그 안에서 사용하는 습관을 가지게 되면 소비하면서 느끼는 약간의 망설임 또는 거리낌 같은 것이 사라진다. 오히려 자신이 돈 관리를 잘하고 있다고 느끼게 되고 마음이 편안해진다. 경제적 자유란 바로 이런 것을 말한다. 우리는 경제적 자유를 마치 돈이 많은 부자가 되는 것으로 착각하는데, 자유의 의미는 말 그대로 돈의 속박에서 벗어나는 것을 말한다. 그래서 꼭 버는 관점에서의 경제적 자유뿐만 아니라 쓰는 관점에서의 경제적 자유도 함께 고려할 필요가 있다.

스타벅스가 1999년 처음 우리나라에 진출했을 때 일이다. 당시 필자뿐만이 아니라 많은 사람이 스타벅스의 커피 가격을 보고 적잖은 충격을 받았다. 아무리 커피 외에 공간과 문화를 함께

판매하는 컨셉이라 하더라도 당시 500원 정도면 먹을 수 있는 캔 커피에 비해 스타벅스의 아메리카노 가격은 무려 5배 이상이나 비싼 2,500원이었다. 필자는 당시 커피를 마시면서 이런 생각을 했다. 지금 쓸데없이 사치를 하는 것은 아닐까? 이것이 바로 '소비염려증'이다. 결국에는 먹게 되면서 먹을 때마다 마음 한쪽에 염려가 고개를 든다. 그런데 언제부터인가 이런 염려증이 사라졌다. 커피 가격에 둔감해진 탓도 있지만 적절한 커피 예산을 만들고 그 이내에서 사용하는 습관 때문이었다. 그러니까 사치스럽다고 생각되는 항목이라도 한 달 동안 나에게 허용할 수 있는 양을 정하고 이 양에 맞춰 생활해 나간다면 돈 쓰는 것이 마냥 걱정되는 일만은 아닌게 된다. 누군가는 돈을 쓰면서 행복하다고 하지만 누군가는 돈을 쓰면서 걱정을 한다. 이 차이가 어디에서 발생하는지는 이제 말 안 해도 알 것이다.

필자는 이렇게 월 사용액을 리뷰하면서 여러 달에 걸쳐 스스로 허용할 수 있는 범위를 정하고 '별다방 예산'이라고 따로 정해 두었다. 이렇게 정하고 커피를 즐기니 즐거운 마음으로 커피를 마실 수 있었다. 그리고 일부 남는 예산으로 좀 더 비싼 다른 음료도 즐길 수 있었다. 예산이 평안함을 주는 이유는 몇 달 동안 커피 사용액을 스스로 체크하고 수정에 수정을 거듭하면서, 나에게 진짜 경제적 자유를 주는 최적의 예산 범위를 정했기 때문이다.

전체 금액의 조정이 아니라 지출 항목간의 조정

월 단위의 관리가 중요한 이유는 예산이 리셋 된다는 점에 있다. 월 단위의 관리는 변화된 개인 상황이나 소비 패턴 등을 확인하고 다시금 예산을 설정하는 것이 핵심이다. 즉, 주간 단위로 했던 리뷰를 종합해서 다음 달 계획을 최종적으로 의사결정 하는 것이라고 할 수 있다.

만약 한 달이라도 예산 범위를 벗어나는 지출을 했다면 이는 예산 설정이 잘못되었다는 것을 알려주는 신호가 된다. 다만 여기서 분명히 해 둘 것은 예산 조정이 필요하다고 해서 전체 금액을 조정해서는 안 되고, 지출 항목 간 조정을 통해 재분배를 해야 한다는 것이다(주간 단위에서 충분히 이 부분을 리뷰했다). 예를 들어, 변동지출 중 외식비 예산이 월 50만 원이었는데, 첫 주에 예산의 반을 써버렸다면 이어지는 3주 동안은 아마도 돈 쓰기를 주저하거나 조정을 했을 것이다. 그런데 그게 아니라 나머지 주간에도 평소처럼 써버린다면 결국 예산 오버 될 것이고, 이는 내가 잡은 한 달 예산액 자체가 문제가 있음을 말하는 것이 된다. 그리고 이 같은 변화가 생기는 것이 일시적인 이유 때문인지 소비 패턴의 변화 때문인지 곰곰이 생각해보면서 다음 달 예산 조정 여부를 결정해야 한다. 통상 코로나19 같은 큰 변수가 있을 때, 취미 활동 같은 것을 새롭게 시작할 때, 이직이나 퇴직 같은 경제 활동의 변화가 있을 때, 계절적 요인에 따른 지출 항목 변경 등이 있을 때, 적절한 예산 조정으로 전체 숫자를 맞춰가는 것이 통제력을 높이는 방법이 된다.

지금까지 소비와 관련해서 매일, 주간, 월간 단위의 점검 포인트를 확인해보았다. 요약을 다시 해보자면 매일은 지출 내역을 빠짐없이 메모하는 것이 핵심이다. 특히 고정지출을 점검하면서 소비 만족도를 높이는 것과 그렇지 않은 것을 확인하는 것이 중요하다. 주간으로는 변동지출을 점검하고 예산을 조정하는 일을 해야 한다. 월간으로는 세 가지 지출 항목 전체를 점검하고, 예산 항목간 비율 조정이 필요한지 최종 의사결정 하여 다음 달 예산에 반영해야 한다. 이렇게 반복함으로써 점차 최적의 소비예산을 수립할 수 있다.

일간, 주간, 월간 단위의 소비 점검은 처음 할 때는 뭔가 해야 할 일이 많은 것 같고 이렇게까지 해야하나 싶지만, 이 또한 습관이 되면 무척 쉽게 할 수 있는 일이 된다. 즉, 매번 해야 하는 일이 아님을 기억하자. 돈 관리 시스템을 잘 만들어 두면 그다음부터는 쉽다. 이후에는 정해진 범위 안에서 잘 통제해서 쓰기만 하

면 된다. 그리고 이 모든 것의 밑바탕에는 〈현주의 다이어리〉가
있음을 잊지 말자.

6. [연간 습관] 나에게 맞는 건전한 부채 비율

건전한 부채란 어느 수준일까? 누구나 한 번은 받게 되는 주택담보대출을 기준으로 건전한 부채 비율을 알아보자. 그리고 '주택구입부담지수' 라는 것을 통해 집값의 적정성 정도를 유추하는 방법도 알아보자.

젊은 직장인을 만나보면서 깜짝깜짝 놀랄 때가 많다. 자신이 얼마를 벌어서 얼마를 쓰는지 그리고 심지어 자신이 현재 시점으로 가지고 있는 돈이 얼마인지 잘 모르는 경우가 있다. 특히 조금 괜찮은 월급을 받는 직장인일수록 이런 현상은 더욱 심하다.

최근 들어 일부 IT 기업들을 비롯한 대기업은 정기 소득인 급여 외에 성과급을 높게 책정해서 지급하기도 한다. 이는 정기적으로 주는 통상적인 상여금이 아니라 해마다 달라지는 성과에 따른 보상이기 때문에 변동폭이 크다. 그리고 보너스나 인센티브의 성격이 있다 보니 자신이 얼마나 더 받을지, 그래서 올해 전체 소득이 얼마나 되는지 가늠도 어렵다. 하지만 분명 예상되는 어느 정도의 평균치는 있다. 따라서 매 연초에는 올해 받게 될 소득이 작년보다 어떻게 달라질지 예측하고서 여러 소비 계획을 잡는 것이 중요하다.

월급은 매달 발생하는 정기 소득으로 평생 계속될 것 같지만, 평생 300~400번이면 끝이 난다. 따라서 5년 후 미래의 나와 20년 뒤, 30년 뒤의 나는 완전 다르다. 그래서 지금의 돈을 경제 활동을 하지 않는 먼 미래의 돈을 맡아서 관리하는 것으로 생각하는 것이 중요하다. 즉, 지금의 월급을 내 것이 아닌 공금으로 생각해야 한다는 뜻이다. 그러면 당연히 공금을 관리하는 사람에게는 책임감이라는 것이 뒤따른다.

돈을 많이 벌건 적게 벌건 간에 그 사람이 경제력이 있다 없다를 평가하는 첫 번째 기준은 돈에 대한 책임감이다. 누구나 한두 번은 경험 부족으로 돈을 허투루 쓰거나 과소비 플렉스에 빠져 경제적 어려움에 처할 수도 있다. 그런데 한두 번이 아니고 계속해서 반복된다면 그것은 자신의 미래에 대해 무책임한 행동을 계속하는 것이 되고, 이런 사람은 아무리 많은 급여를 받는다 해도 경제력이 있는 사람이라고 인정해주기가 어렵다.

돈은 나를 중심으로 인풋과 아웃풋을 끊임없이 반복하며 우리 인생을 따라다닌다. 빠져나가는 돈은 완전히 소비되어 없어지기도 하지만 일부는 저축이나 투자가 되어 다시 돌아오기도 한다. 이런 프로세스는 매월 똑같을 수는 없지만 월 기준으로 거의 비슷하게 반복된다. 그러니 일단 이 흐름을 내가 알고 관리할 수 있느냐 없느냐는 경제력 향상에서 무척 중요하다.

이번 글에서는 월 단위 점검에서 부족함이 있는 전체 자산 현황을 보는 법과 이를 통한 부채 관리 방법에 대해 살펴보겠다.

현금흐름표와 자산현황표

앞서 가계부 앱을 이용해서 지출 관리를 해보라는 조언을 했다. 그런데 자산 전반에 대해 관리를 하기에는 가계부 앱은 한계가 있다. 그래서 이럴 때 활용할 수 있는 것이 월 현금흐름표와 자산현황표이다. 이 두 개가 잘 작성되고 관리되고 있다면 불필요한 소비는 줄고 돈은 잘 모이게 된다. 하지만 그 반대면 소비는 늘어나고 돈은 생각보다 모이지 않게 된다. 월현금흐름표가 매월 반복되는 돈의 흐름을 보여주는 과정이라면, 자산현황표는 현재 시점에서의 나의 자산 상태 결과라 할 수 있다.

아래(뒷 페이지의 표를 참조)예시를 한번 보자. 좀 더 현실감을 살리기 위해 현주씨네 말고 다른 맞벌이 직원(박정민씨)의 현금흐름표와 자산현황표를 가져와 보았다. 먼저 현금흐름표를 보게 되면 맨 아래 유출 합계와 유입 합계가 딱 떨어지는 것을 볼 수 있다. 그리고 저축과 투자 그리고 지출 등이 어떻게 구성되는지 일목요연하게 정리된 것을 볼 수 있다. 항목별로 빈틈없이 돈 관리가 되고 있음을 알 수 있다. 그런데 문제는 우리가 매달 이렇게 돈을 딱 떨어지게 쓰지는 않는다는 사실이다. 물론 더 써서 문제가 되는 경우도 있지만, 지출 관리를 엄격히 잘했다면 정민씨네 부부처럼 일부 남는 돈이 생길 수도 있다. 이처럼 실제로 모두 소비되거나 모두 저축되지 못하고 순간적으로 남는 돈을 잉여소득이라 한다.

거의 모든 사람은 소비도 저축도 아닌 약간의 예비 자금 것으로 일부 돈을 남겨두는 경향이 있다. 만일의 경우를 대비하고자 하는 것이라면 나름의 의미 있는 돈처럼 보이지만 실제로는 이런 예비 자금 성격의 잉여 소득은 이름표를 붙여 놓지만 않았지 결국 눈먼 돈, 공돈으로 써버리게 될 확률이 높다. 이렇게 잉여소득을 그냥 다른 곳으로 써버리면 표 아래의 동그라미 그래프처럼 된다. 그런데 이렇게 되어서 좋을 것은 하나도 없다. 잉여소득도 저축이나 투자로 전환될 수 있도록 조정하는 것이 좋다. 현금흐름표는 이런 것을 확인하고 조정하는 데 활용하는 표라 할 수 있다.

현금흐름표 작성은 매달 집계되는 가계부 내용과도 비슷해 그리 어렵지 않게 정리가 가능하다. 반면 자산현황표는 일단 낯선 용어들이 일부 있어 조금 어려워 보인다. 하나씩 살펴보자.

자산은 내 돈이든 빌린 돈이든 상관없이 그 돈이 어떤 형태로

<월 현금흐름표 작성예시> 박정민 부부 (맞벌이 월소득 550만)

유 출(output)		유 입(input)	
과 목	금 액	과 목	금 액
정기적금/원금상환	80만	본인 근로소득 정기	300만
적립식펀드,ELS,주식	10만	배우자근로소득정기	250만
청약저축	10만	연간 비정기소득	0만
개인연금	20만	Ⅰ. 근로소득 소계	월평균 550만
기타저축	0만		
Ⅰ.단기저축 및 투자	120만	Ⅱ. 사업소득 소계	
교통/통신비(인터넷포함)	33만		
기본생활비/관리비/월세	50만/25만	Ⅲ. 임대소득 소계	
교육비/대출이자	100만/35만		
기부금/모임회비	0만/0만		
보장성보험료	25만	Ⅳ. 기타소득 소계	
Ⅱ. 고정지출	268만		
외식비	35만		
문화생활비	20만		
쇼핑/유흥비	35만		
기타비용/경조사비	20만		
* 연간비정기지출(年360만)	월평균30만		
Ⅲ. 변동지출	140만		
생활비408만 저축120만 잉여22만			
유출합계	550만	유입합계	월550만

월현금흐름

■ 저축　■ 소비　■ 잉여

월현금흐름

■ 저축　■ 소비

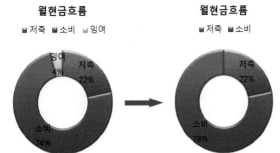

<자산현황표 예시> 박정민 부부 (맞벌이 월소득 550만)

자 산		부채 와 순자산(자본)	
과 목	금 액	과 목	금 액
입출금 유동성		마이너스 통장	
CMA / MMDA 유동성계좌	약간	신용대출	4,000만
예금성자산	1,700만	I. 단기부채	4,000만
정기적금(청약포함)	880만	전세자금대출	
청약저축	400만	아파트담보대출	
I. 현금 및 현금등가물	2,980만	학자금	1억원
펀드, 채권, 주식	1,000만	II. 중장기 부채	1억원
상가/건물/임대용부동산			
대여금			
II. 투자자산	1,000만		
펀드		부 채 합 계	1억 4,000만
개인연금/퇴직금	1,600만		
전세자금	35,000만		
III. 사용자산 / 은퇴자산	3억6,600만		
자 산 합 계	4억 580만	부채 + 자산 = 순자산	2억6,580만

자산운용속성

■ 예적금 ■ 전세금 ■ 주식 ■ 연금

존재하는지 정리하고 확인하는 것으로 생각하면 된다. 예를 들어 전세금 3.5억 원 중에 1.4억 원은 전세자금대출로 빌린 돈이라고 해도 자산으로는 3.5억 원을 적는다. 이때 자산에서 부채를 빼고 난 금액이 순자산이다. 부채로 있는 자산이 수익을 올려주는 자산이라면 건강한 자산이라고 할 수 있다. 5억 원짜리 집을 내 돈 3억 원과 빌린 돈 2억으로 샀을 때, 자산은 3억 원이 아니라 5억 원이고 집값이 오른다면 5억 원을 기준으로 오르게 되어 빌린 돈 2억 원은 대출일지라도 건전한(이자를 내고도 수익이 발생할 수 있는) 부채가 된다. 하지만 집값이 오르지 않고 내리게 되면 악성 부채가 되어 가정 경제를 힘들게 한다. 만약 자가가 아니라 전세로 살고 있다면 향후 자산 가격이 상승하든 하강하든 나에게 도움될 것은 하나도 없다. 그럼에도 자산 가격이 하락하는 상황에서는 자칫 전세 자금 돌려받기도 어려운 일이 될 수 있다. 집주인이라고 해서 세입자에게 돌려줘야 할 전세 자금을 항상 세이브해놓지 않기 때문이다. 정리하면 자산 가격이 하락하는 시기에는 항상 주의를 기울일 필요가 있다. 그래서 내가 갖고 있는 부채가 어떤 부채인지 잘 따지고, 지금의 부채가 어떤 문제를 야기할지 잘 따지는 것이 중요하다. 그리고 이에 따라 부채 비율을 조정해야 한다.

건강한 부채 비율

그렇다면 통상 우리가 말하는 건강한 부채 비율이란 어느 정도일까? 이는 나의 소득과 밀접한 관련이 있다. 왜냐하면 타인 자본을 빌린다는 것은 그만큼 금융 비용 즉, 이자라는 비용이 지불되어야 하는데 이것을 감당할 능력은 결국 자신의 소득에서 나오기 때문이다.

보통 자산 가격이 상승할 가능성이 없는 즉, 투자 효과가 없는 대출의 경우 자신의 월 소득 3배 이내로 제한되어야 한다. 금융기관에서는 보통 연소득의 1배 이내로 마이너스통장이나 신용대출을 허용하지만, 지금(2022년 하반기)과 같이 금리가 5%를 넘어간다면 레버리지 효과가 없는 대출은 매우 보수적으로 관리되어야 한다(레버리지 효과란 빌린 돈을 지렛대 삼아 더 큰돈을 거둘 수 있다는 기대를 말한다).

반면, 주택담보대출처럼 집값 상승이라는 레버리지를 고려할 때는 적정 대출 비율이 어떻게 될까? 이때 참고할 만한 지표가 있는데, 주택금융통계시스템이 제공하는 주택구입부담지수를 참고하면 좋다. (검색 창에서 '주택금융통계시스템'을 검색하면 홈페이지가 검색되는데, 홈페이지 첫 화면에서 '주택구입부담지수'를 볼 수 있다.) 이 지수는 중위소득 가구가 표준 대출을 받아 중간 가격의 주택을 구입하는 경우, 이때의 상환 부담을 나타내는 지수로 지수가 100이라면 자신의 소득 금액에서 25% 수준으로 원금과 이자를 납일 할 수 있어야 적절하다는 것을 뜻한다. 현재(2022년 2분기) 지수를 살펴보게 되면 서울은 204로, 계산을 하게 되면 월소득의 50%가 넘는 돈을 원금과 이자를 갚는데 지불해야 한다가 된다. 이는 50%를 대출 갚기에 쓰고 나머지 50%로도 생활할 수 있다면 내 집 장만을 고려해볼 수 있겠지만, 그렇지 않다면 잠시 미루는 게 낫다는 뜻이 된다. 즉, 지수가 100이 될 때 내가 이자와 원금 부담을 적절히 안고서 즉 건전한 부채 비율로 내 집 장만을 검토해볼 수 있다는 뜻이 된다. 물론 내 소득이 중위 소득에 해당한다면 말이다.

그리고 소득의 25%를 지수 100으로 표시한다는 점에서도 보듯 레버리지 효과를 기대하는 주택담보대출이라 하더라도 소득의 25% 수준에서 돈을 갚아갈 능력이 안된다면 무리한 주택 구입이 될 수 있다.

지금까지 현금흐름표를 통해 잉여 소득의 발생 여부를 확인하고 이를 적절히 통제해서 사용하는 것에 대해 알아보았다. 그리고 자산현황표를 통해서는 전체적으로 우리 집의 부채와 소득의 수준 등을 정리해보았다. 특히 자산현황표는 건전한 부채 수준을 확인하는 데 있어서 꼭 필요하다. 그래서 년에 한 번씩 자산현황표를 작성해보는 것이 좋다.

다소 복잡해 보이고 용어도 어렵게 느껴지는 표 작성의 경우, 꼭 하지 않더라도 이번 챕터를 통해서 기억해야 할 몇 가지 원칙에 대해서는 반드시 확인하면 좋겠다. 매일 자신의 소비를 기록하는 습관, 주간과 월간 단위의 리뷰를 통해 적절한 예산을 세워나가는 습관, 평생 한 번은 받게 되는 대출에서도 적절한 수준으로 가계에 무리가 가지 않는 범위에서 사용하는 습관을 꼭 기억하면 좋겠다.

4부

저축력
종잣돈 만드는 방법을 무조건 익혀라

1. 저축을 못하는 4가지 핑계

"저축할 돈이 어디 있나요? 쓸 돈도 없는데…" 저축을 못하는 4가지 이유는 소비 통제가 안 되어서, 월급이 적어서, 금리가 낮아서, 모을 이유가 없어서다. 하지만 이런 이유를 불식시키고 악착같이 저축을 해내는 사람이 있다. 그런데 그런 사람이 진짜 부자이다.

자본력은 결국 목돈을 만드는 능력이다. 돈이란 흩어져 있으면 힘이 약하지만, 뭉쳐서 일정한 목돈이 되면 투자를 위한 좋은 재료가 된다. 필자가 매월 개최하는 세미나에서 설문을 받아 보면, 관심 있는 분야나 배워 보고 싶은 분야를 고르란 질문에 가장 많이 체크하는 것이 '부동산'이다. 많은 분들이 부동산에서 남다른 판단 능력을 얻고자 한다. 지난 30년간 우리나라의 부동산 가격 상승을 생각한다면 부동산에 관심 갖는 것은 어찌 보면 당연한 일이다. 그렇지만 정작 많은 사람들은 부동산에 투자할 만큼의 목돈이 없다. 그렇다고 열심히 모으지도 않으면서 다들 부동산 투자를 못 해서 안달이다. 내가 보기에는 그냥 신기루를 좇는 것처럼 보인다.

그렇다면 지금이라도 목돈을 만들기를 위해 열심히 저축해야 하는데 과연 그렇게 하고 있을까? 그렇지도 않다. 자산 가격이 상승하는 것을 몇 년 사이 경험한 사람들은 저축보다는 투자를 우선시한다. 은행 이자보다 더 큰 수익률을 거둘 수 있기를 기대하면서 말이다. 결국 부동산 투자를 위해 또 다른 곳에 투자하는 셈인데, 이건 마치 되돌이표 사이를 오가는 것과 같다. 결국 이도 저도 아닌 게 되며 실패라도 하게 되면 손해만 입게 된다.

저축을 못하는 이유

목돈을 만들기 위한 것으로 저축만큼 중요하지 않은 것이 없다. 하지만 이를 알면서도 저축에 열심히 매달리지 못하는 이유가 무엇일까?

많은 사람이 언제 저축해서 돈을 모으냐, 요즘은 투자를 해야 빠른 시간 안에 돈을 벌지, 라는 말을 한다. 한마디로 부자가 되는 데 필요한 시간을 참지 못한다. 몇 살에 몇억 같은 이야기만 SNS 상에 돌아다니다 보니 자꾸 이런 이야기에만 현혹되어 부자가 된 모습만 상상하고, 이들이 부자가 된 과정에 대해서는 흘려 듣는다.

그리고 또 다른 답변으로 저축할 돈이 어디 있느냐, 라는 말도 많이 한다. 월급이 적어서, 기본적으로 써야 할 곳이 많아서, 저축할 돈이 없다는 것이다. 그러면서도 매주 뷰가 끝내주는 카페에 가서 인증샷 정도는 올려줘야 트렌디하게 남들에게 뒤처지지 않게 산다고 생각하고, 여기에 쓰는 돈은 절대 줄일 수 없다고도 말한다. 그리고 투자도 트렌드라 여기고 남들도 하니 나도 한다는 생각을 하고서 별걱정 없이 대출받아 코인 같은 위험 자산에도 투자한다. 코로나19 이후 주식 시장이 활황일 때 꽤 많은 청년들이 '영끌'(영혼까지 끌어다 쓴다는 표현)을 외치며 마이너스 대출까지 받아가며 투자를 감행했다. 그런데 결과는 어땠을까? 알다시피 2022년 하반기로만 봤을 때 이들은 지금 위험한 기로에 서 있다. 시장이야 언젠가는 회복이 되겠지만, 문제는 그때까지 이들이 대출 이자를 감당하며 버틸 수 있느냐이다.

필자가 매월 진행하는 직장인 월급 관리 세미나인 《스마트한 월급관리》는 지난 9년간 2천여 명이 참여한 인기 강연 중 하나이다. 이 강연에 참여한 2030 직장인을 대상으로 한 설문에서도 저축을 힘들게 하는 장애물로 똑같은 얘기를 했다. 이를 좀 더 세분화해서 정리해보면 다음과 같다.

첫 번째는 "소비 통제가 안 된다"이다. 이 내용은 앞에서도 강조했지만, 소비 통제가 되지 않아서 저축을 못하는 것이 아니라 저축을 안 해서 소비 통제가 안 되는 것으로 봐야 한다. 굿-세이버(Saver)들은 어떤 상황에서도 꾸준히 저축하고 목돈을 만들 수 이유로 '선(先)저축'을 꼽는다. 목표한 금액을 먼저 저축한 후 남는 돈으로 소비해야 한다는 것을 말한다. 세상에 어떤 부자들도 처음 목돈 만들기는 이와 다르지 않다는 것을 기억해야 한다. 무슨 특별한 기술이 아니다. 저축을 먼저 하고 남는 돈으로 소비하는 습관에서부터 시작한다.

두 번째로 많이 나오는 답은 "월급이 적다"이다. 단언컨대 월급이 적을 때 저축을 못하는 사람은 월급이 올랐다고 해서 저축을 더 잘 하는 것도 아니다. 월급이 오르면 소비는 월급보다 더 빨리 올라간다. 그래서 "저축에도 다 때가 있다"라는 말을 한다. 저축에 집중해서 목돈을 만들 수 있는 시기는 소득이 많은 때가 아니라 결혼 후 약 15년 정도가 전부다. 이때를 흔히 '저축의 골든 타임'이라고 한다. 자녀가 중고등학교를 갈 즈음인 결혼 15년 차가 되면 사실상 거의 저축을 하지 못한다. 저축을 한다 해도 월급이 적었던 과거에 비해 저축액은 훨씬 줄어든다. 이는 월급 5백만 원을 받는 사람이든 월급 2천만 원을 받는 사람이든 똑같다. 월 소득이 5백만 원인 집은 자녀 학원비 때문에 저축할 돈이 없고, 월 소득 2천만 원인 집은 고급 외제 차에 아이들 해외 유학 비용 등으로 저축할 돈이 없다. 다시 말해 소득이 높으면 소비 또한 함께 올라가기 때문에 저축할 돈은 매한가지라는 것이다.

그러니 월급이 적어서 저축을 못하고 많으면 많이 할 것 같다는 생각은 틀린 생각이다.

세 번째 핑계는 "금리가 낮다"는 말이다. 이 또한 그럴듯하게 들린다. 실제로 이자율이 낮은 것은 저축 의지를 희박하게 만든다. 하지만 목돈이 거의 없는 사회 초년생이 이자율이 낮다는 이유로 저축을 소홀히 한다면 이후에는 더 큰 문제가 발생한다.

20년 전에는 매달 50만 원을 3년간 적금하면 세후 이자로 약 152만 원을 받을 수 있었다(6.5%의 이자일 때). 이는 지금보다(3% 이자로 가정할 때) 무려 81만 원이나 많은 금액이다. 매달 하는 적금이 아니라 일시금을 넣어두는 예금의 경우라면 1천만 원을 3년 동안 넣어둔다고 할 때 지금보다 89만 원을 더 받을 수 있었다. 물론 금리가 과거보다 낮다면 저축이 아닌 투자를 해야 한다고 생각할 수도 있겠지만 주어진 시간에 절대 변하지 않는 금액을 만든다는 입장에서는 저축이 기본이 될 수밖에 없다. 금리가 높든지 낮든지 간에 만기에 타는 돈은 어쨌든 원금보다 높기 때문이다. (2022년 하반기부터는 고금리 기조로 저축을 해야 하는 이유가 더욱 분명해졌다.)

만일 과거처럼 6.5% 시절의 만기 금액과 동일한 만기 금액을 타고 싶다면 한 달에 50만 원을 저축할 것이 아니라 거기에 2만 1,900원을 더해서 521,900원을 저축하면 된다. 50만 원을 저축할 수 있는 사람이라면 521,900원 저축도 어렵지 않다. 그러니 이자율이 낮아서 저축을 못한다는 것도 핑계로 봐야 한다. 한달에 2만 1,900원을 더 저축하는 게 쉬울까? 아니면 수익률 6.5%를 만드는 게 더 쉬울까? 조금만 생각해보면 뭐가 더 쉬운지 금방 알 수 있다.

네 번째 핑계는 "저축을 해서 어디에 투자해야 할지 모르겠다"이다. 뚜렷한 목표가 없어서 저축 동기가 잘 생기지 않는다는 것인데, 의외로 많은 사람들이 이런 이유로 저축을 망설이거나 저축을 하더라도 나중에 엉뚱한 곳으로 돈을 쓴다. 돈에 대한 명확한 목적을 정해 놓지 않으면 애써 모은 돈은 그냥 소비의 제물이 된다. 모으고 쓰고, 모으고 쓰는 패턴만 반복한다. 그래서 다음 달이 적금 만기라면 재투자에 대해 고민보다 어디에 쓸지부터 생각한다.

지금 5백만 원이 있다면 무엇을 하겠는가? 금액을 좀 더 키워 5천만 원이 있다면 어떻게 할 것인가? 각각 투자, 저축, 쇼핑 등의 선택이 가능하다고 하자. 이 두 질문에 대해 여러분의 답은 어떨까? 첫 번째 질문에 대한 답으로 75퍼센트 이상은 쇼핑을 원한다고 답한다. 반면, 두 번째 질문에는 투자를 선택한다. 이유는 무엇일까? 바로 돈의 크기 때문이다. 5백만 원은 '쓰기 딱 좋은 돈'이고 명확한 목표가 없는 경우 재투자보다는 소비의 유혹을 받기 쉬운 돈이다. 반면 5천만 원은 함부로 쓰기에는 뭔가 아깝게 느껴지는 돈이고, 더 큰돈을 만들고 싶은 욕심이 드는 돈이다. 그러니 처음부터 5천만 원을 모을 심산이 아니면, 저축 통장마다 목표(결혼자금통장, 내집마련통장, 해외여행통장 등)를 명확히 하는게 중요하다. 그리고 금액도 최대한 높이는 것이 필요하다. 지금 나의 저축 통장에는 어떤 표시가 되어있는지 생각해보자.

현재 내 소득이 앞으로도 계속해서 끊기지 않고 이어진다면 어떨까? 그렇다면 앞으로 재테크에 관한 고민은 하지 않아도 된다. 저축도 필요 없다. 그저 지금 소득 안에서 마음껏 소비하면 그만이다. 그렇지만 언젠가는 비자발적 실업 상태가 되기 때문에 저축이 필요하다.

재테크에 필요한 결단과 종잣돈은 결국 끊임없는 공부와 어떤 상황에서도 멈추지 않는 저축에서 비롯된다. 자수성가형 부자들은 우리가 안 된다고 생각할 때 자신만의 생각과 뚝심으로 끝까지 밀어붙인 사람이다. 이들은 우리가 핑계 대던 모든 것을 성공 원인으로 만들었다는 것을 잊어서는 안 된다. 어떻게든 악착같이 저축을 하는 사람이 부자라는 것을 잊지 말자.

2. 목표 금액에 맞춰 월 저축액 결정

> 정기적금의 납입액을 5만 원, 10만 원 식으로 정하지 말고, 만기 시 내가 얻는 최종 금액인 1천만 원, 1억 원에 맞춰 정하자. 그러면 저축의 목표가 분명해지고, 나중에 모은 돈을 함부로 쓰지도 못한다.

주변을 살펴보면 비슷한 소득을 가지고도 같은 기간 대비 훨씬 많은 돈을 모은 사람들이 있다. 결국 더 많이 모으고, 더 적게 소비했다는 것인데 누구는 되고 누구는 안 되는 이유가 무엇일까?

요즘 2030 직장인은 꼬박꼬박 매월 납입해야 하고 쉽게 빼서 쓸 수도 없는 정기적금으로 계좌를 만들기보다 필요한 현금을 언제든 인출할 수 있는 입출금자유통장을 만들어 돈을 관리한다. 또는 잘 알지 못하는 투자 상품에 고수익을 바라며 많은 돈을 넣기도 한다. 하지만 목돈을 모아본 사람들은 하나같이 저축에 이자율의 크고 작고는 상관이 없고 시작은 언제나 정기적금이었다고 말한다.

정기적금은 내 돈이지만 내 마음대로 하지 못하도록 돈을 바인딩(묶음)하는 것과 같다. 알다시피 정기적금은 매월 같은 날짜에 인출되어 은행에 보관되고, 내가 신경 쓰지 않아도 차곡차곡 쌓이는 특징을 갖고 있다. 그러니까 내가 고민할 새도 없이 돈을 빼앗아가 버린다. 그런데 이와 반대로 자유적금은 내가 원하는 시기에 원하는 만큼 저축할 수 있다는 자율성 때문에 유동성 측면에서는 좋을지 모르지만, 마음먹은 대로 저축 목표액을 달성하지 못하는 경우가 훨씬 많다. 즉, 저축 강제성이 없어 처음 두세 달은 열심히 하다가 뒤로 갈수록 흐지부지되기가 일쑤다.

자유적금도 그러한데 언제든 입출금이 가능한 통장에 돈을 넣는다면 어떻게 될까? 시작할 때는 누구나 그 돈을 쓰지 않겠다고 다짐하지만, 시간이 지나면 급히 쓸 곳이 생기기 마련이고 그때마다 너무나 쉽게 아무런 제약 없이 써버리고 만다. 결국 그 돈은 목돈이 되는 것이 아니라 생각지도 않았던 지출과 과소비의 제물로 사라진다. 그러니 전세 자금, 결혼 자금 등 반드시 필요한 목돈이라면 이자율이 높고 낮음을 떠나 돈을 한 곳에 강제적으로 모아두는 정기적금을 이용해야 한다.

적금 월 납입액 이렇게 정해야

직장인들이 가입하는 정기적금의 월 납입액을 보면 10만 원, 20만 원 혹은 30만 원, 50만 원이 대부분이다. 가입 금액이 십만 원 단위로 딱 떨어지게 하는 이유는 매월 납입하는 금액을 잘 기억하기 위해서다. 그런데 왜 한 번에 큰 금액으로 적금 가입을 하지 못하고 적은 돈으로 가입하거나 여러 곳으로 쪼개서 가입하는 걸까. 여러 건으로 나눠 저축한다는 것은 큰 금액에 대한 부담감 때문이거나 향후 목돈이 되면 어디에 쓸지 정확하게 정해두지 못했기 때문이다. 이렇게 쪼개서 가입한 적금은 만기가 자주 돌아오기 때문에 만기 때마다 어디에 다시 투자할지 고민하게 된다. 실제로 연 1.8% 이자율로 월 30만 원짜리 1년 적금에 가입하고 만기에 금액을 타면 약 363만 원 정도를 손에 쥐게 되는데, 이 정도의 금액이라면 어디에 투자할지 고민하는 게 아니라 어디에 쓰면 좋을지부터 생각하게 된다. 저축이란 흩어져 있는 현금을 한곳에 모아 큰 목돈을 모으는 것이 우선인데, 만기 금액에 대한 목적이 약하고 적은 금액으로 나눠 저축하다 보면 돈이 모이기보다는 부서져 사라져 버린다.

그러면 월 납입액을 얼마로 하는 것이 좋을까? 예를 들어보자. 3년 후 결혼을 목표로 자금을 모은다면 정기적금 3년 만기(연 1.8% 이자율)로 5천만 원을 타는 월 135만 원 납입 적금에 가입해야 한다. 또 1년짜리 적금에 가입한다면 월 42만 원, 83만 원 또는 124만 원, 165만 원을 내는 적금에 가입해야 한다. 그러면 1년 에누리가 없는 만기 금액으로 각각 5백만 원, 1천만 원 그리고 1천5백만 원 2천만 원을 손에 쥘 수 있게 된다. 이렇게 이자를 포함해서 최종 수령했 때의 금액을 1천만 원 혹은 1억 원 식으로 딱 떨어지게 설계하면 실제 만기가 되었을 때 성취감도 크고 쉽게 깨지 못하는 돈이 된다. 정리하면, 저축은 매월 내는 금액이 중요한 게 아니라 만기에 타는 금액을 중요하게 생각하고 설계해야 한다.

돈을 잘 모으는 사람들은 절대로 50만 원 짜리 적금 또는 70만 원 짜리 적금이라고 말하지 않는다. 그보단 자신이 목표로 하는 만기 금액 2천만 원 짜리 적금 그리고 5천만 원 짜리 적금이라고 말한다. 작은 차이 같지만 돈을 잘 모으는 사람은 저축에서도 관점이 다르다는 것을 기억해야 한다.

적금 중도해지를 두려워 말아야

직장인들이 정기적금에 집중하지 못하는 또 다른 이유는 만기 전에 급하게 돈이 필요한 경우가 생기지 않을까 하는 우려 때문이다. 정말 긴급한 일로 돈이 필요하다면 가입한 정기적금을 중도해지하면 그만이다. 그런데 중도해지하는 것이 무서워 정기적금 가입을 꺼리고 그냥 입출금 통장에 보관한다? 저축에서는 가다가 중지해도 간 만큼은 이익이다라는 말이 적용된다. 중도해지이율이 적용돼서 손해가 나는 것이 아닌가요? 라고 질문하는 사람도 있는데, 그렇지 않다.

정기적금의 이자율이란 년 단위로 적용되는데 만 1년 2%의 적금이라면 계약자가 낸 돈에 1년간 2%의 이자를 준다는 뜻이 된다. 그런데 처음부터 납입 원금인 1,200만 원을 1년 동안 맡기는 것이 아니기 때문에 1200만 원의 2%의 이자를 받는 것은 아니라, 첫 달에 낸 100만 원만 1년간 예치되어 있어 2만 원의 이자를 받는 것이고, 그 뒤로는 순차적으로 입금 된 금액을 누적시켜 예치된 기간만큼만 2% 이자를 받게 된다. 이런 식으로 계산해 보면 1년 동안 받게 되는 이자는 13만 원 정도로 1,200만 원 원금으로 보면 1.08% 정도의 이자가 붙는 셈이다. (이자 계산이 복잡하다고 생각하시는 분은 '이자 계산기'를 이용하면 편하다. 검색하면 쉽게 찾을 수 있다.)

중도해지를 하게 되면 중도해지이율이란 것이 적용되는데, 기간에 따라 다르겠지만 1년 이자 2%의 70~80% 정도의 이자율로 다시 계산해서 이자를 받게 된다. 즉, 이자를 한 푼도 못 받거나 원금 손실이 생기는 것은 아니다. 혹시 모르는 사람이 있을까봐 한 번 더 얘기하면, 입출금통장이나 CMA 계좌에서 지급하는 이자보다 정기적금의 이자가 더 높다는 것을 꼭 명심하자.

필자도 어느 날 한 달 5~60만 원 정도의 여유가 생겨 정기적금을 하나 더 가입하기 위해 은행을 방문했다. 번호표를 뽑고 기다리면서 불현듯 1년에 1천만 원을 새롭게 만들어 보면 어떨까?

하는 생각이 스쳤다. 한 달에 60만 원 정도 내는 적금에 가입해야 하는데 순번이 돌아와 은행 직원 앞에 앉았을 때 나도 모르게 1년 1천만 원 타는 정기적금 가입하러 왔어요, 라고 말해버렸다. 직원은 필자에게 월 826,530원을 납입하는 적금통장을 만들어주었다. 적금에 가입하고 은행을 나서는데 현 상황보다 너무 큰 적금에 가입한 것은 아닐까, 하는 걱정이 들기도 했다. 하지만 결과적으로는 1년 후 통장으로 목돈 1천만 원이 들어와 있었다.

예나 지금이나 '쥐꼬리'라는 수식어가 늘 따라다니는 것이 직장인의 월급이다. 그만큼 돈이란 항상 부족하고 항상 모자란다. 그런 와중에도 적은 월급을 가지고 알차게 모으고 목돈을 적절히 투자해 자수성가형 부자를 이룬 사람들이 있다. 이들의 시작도 거창한 투자부터가 아니라 종잣돈 모으기부터였다는 것을 꼭 기억하자. 저축은 제대로 안 하면서 투자할 생각만 한다? 절대로 성공할 수 없는 재테크이다.

정기적금 납부 금액은 내가 까먹더라도 부지불식간에 내 통장에서 빠져나간다. 자동으로 저축을 매월 반복하게 하는 장치인 셈이다. 내 통장에 돈이 없으면 자연히 소비 심리는 위축된다. 신용카드를 쓰게 되면 연체라는 스트레스에 직면하게 된다. 그래서 어떻게든 소비를 줄이게 되어 있다. 이런 고민과 노력이 결과적으로 나를 부자로 만들어준다는 것을 잊지 말자.

3. 사회 초년생, 월급의 몇 %를 저축

올바른 저축 계획의 핵심은 목표를 분명히 하는 것이고 저축하는 기간에 따라 형태를 달리하는 것이다. 1년 이하 단기라면 금리형 저축을, 1년이상 3년 이내는 금리형과 투자형을 혼합하되 금리형에 치중을, 3년 이상에서 10년 미만은 투자형에 좀 더 치중한다. 10년 이상의 초장기 저축이라면 투자형 저축을 권한다.

사회 초년생 직장인들이 가장 많이 하는 질문 중 하나가 바로 "월급의 몇 %를 저축해야 하나요?"이다. 얼마 전까지 용돈을 타던 학생 신분에서 사회인으로 첫발을 내딛게 되면 당연히 용돈을 얻어 쓸 때보다 더 많은 돈이 생기는 경험을 하게 된다.

처음으로 나에게 고정적인 수입이 생기는 것인 만큼 대개는 저축보다는 그동안 하지 못했던 일이나 평소 갖고 싶었던 것을 사는데 월급을 사용한다. 그런데 그렇게 돈을 쓰다 보면 이전에 용돈을 받을 때보다도 수중에 더 돈이 없는 일이 발생한다. 소비에 익숙해지면서 돈 씀씀이도 점점 커지기 때문에 그렇다. 그렇게 한동안은 하지 못했던 사치(?)를 좀 부리다가 어느 순간이 되면 '현타'(현실 자각 타임)라는 것을 겪게 된다. "이렇게 쓰고 살아도 괜찮은 걸까?" 이런 생각이 들기 시작하면서 저축에 대해 진지한 고민을 시작한다.

저축을 얼마나 해야 하는지는 개인이 처한 상황이나 조건, 목표에 따라 달라질 수밖에 없다. 하지만 확실한 것은 제로에서 시작하는 사회초년생이라면 초반부터 강력한(?) 저축력을 발휘해야 한다는 것이다. 이는 비행기 이륙 모습을 생각해 보면 금방 이해가 된다. 멈춰 있는 비행기가 하늘로 날아오르려면 이륙 초반에 엄청난 힘으로 엔진 출력을 높여야 한다. 이륙 이후에는 적은 에너지로도 자유로운 비행이 가능하다. 자산이라고는 단 한 푼도 없는 사회초년생도 마찬가지다. 초기에는 많은 저축으로 이륙의 힘을 극대화해서 어느 정도 비행기를 올려놓고, 이후에는 좀 더 적은 힘으로 이 돈이 종잣돈 역할을 하며 이전보다 훨씬 쉽게 불어나도록 해야 한다. 그래서 월급이 적더라도 초반에 높은 비중으로 저축 목표액을 설정하고 목돈 만들기를 하는 것이 중요하다.

저축 계획 세우기

저축 계획을 세우는 데 있어 첫 번째 원칙은 바로 목적에 맞춰 저축을 나눠서 하는 것이다. 예를 들어 2년 후 결혼, 5년 후 내 집 마련, 10년 후 사업 준비처럼 기간과 목표를 명확히 하는 방식이다. 만약 이렇게 정하지 않고 목적과 기간에 상관없이 저축을 하게 되면 십중팔구 뒤쪽에 있는 목표는 달성하기가 어려워진다. 당장 코앞에 닥치는 결혼이나 내 집 마련까지는 잘 준비가되지만, 다른 저축에 대해서는 여러 가지 이유 등으로 흐지부지될 확률이 높다.

두 번째 원칙은 저축 기간에 맞춰 저축 형태를 달리하는 것이다. 저축은 크게 정기적금같이 금리를 기반으로 운용되는 금리형 저축과 펀드같이 투자를 기반으로 운용되는 투자형 저축이있다. 금리형 저축은 큰 수익을 기대하기는 어렵지만 언제든지원금 보장을 받으며 현금으로 바꾸기 쉽다는 장점이 있다. 반면, 투자형 저축은 원금 손실의 위험은 있지만 은행 금리보다는 높은 수익을 기대하는 장점을 갖고 있다. 따라서 전체 저축에서 위험을 감수할 수 있는 선이 어디까지인지 확인하고 금리형 저축과 투자형 저축의 비중을 정해야 한다.

필자는 통상 상담 오는 2030 직장인들에게 1년 이하의 초단기 저축을 한다면 100% 금리형 저축을, 1년이상 3년 이내의 단기저축은 금리형과 투자형을 혼합하되 금리형에 좀 더 치중을, 3년 이상에서 10년 미만 중장기 저축은 투자형에 좀 더 치중하는것을 권한다. 그리고 10년 이상의 초장기 저축에는 되도록 100%

투자형 저축을 권한다. 예를 들어 1년 후에 있을 결혼 자금을 목적으로 저축한다면 군이 변동성 높은 투자형 저축에 가입할 이유가 없고, 짧은 기간에 맞는 정기적금을 1년 정도 가입하는 것이 더 좋다. 반면 소득의 일부를 오랜 기간 모아서 노후에 생활비로 쓰는 연금에 가입한 경우라면 투자 기간이 20년 이상일 것이므로 반드시 투자형 저축이나 펀드에 가입하는 것이 좋다.

저축도 공부를 해보면 여러 가지 다양한 조건을 가진 상품들이 많다. 하지만 알아보지 않고 별다른 고민 없이 지금 유행하는 상품이나 은행 창구의 직원들이 권하는 상품으로 가입할 경우 돈 활용이 제대로 안 될때가 많다. 그리고 최근처럼 금리가 높고, 상승하는 시기에는 금리형과 투자형의 비중은 재검토할 필요도 있다. 이처럼 저축도 내 상황과 현재의 경제 상황에 맞춰 최적의 조합을 찾아가는 것이 중요하다.

경제 공부라는 것이 특별한 것이 아니다. 결국 지금의 경제 흐름을 보고서 내 돈을 어디로 더 흐르게 할 것인가를 결정하는 것이다. 이런 점에서 보면 저축을 열심히 하는 것은 너무나도 기본적인 사항이고 여기에서 좀 더 나아가 저축 상품에 대한 선택도 시기별로 고민한 후 맞춤할 필요가 있다.

4. 고통 없이 돈 모으는 법

돈을 모으기 위해 안 쓰고 절약하는 것을 고통으로 생각하는 사람들이 있다. 이런 사람들에게 적절한 저축법이 "쓴 셈치고 저축 법"이다. 이는 이미 예산으로 잡았던 소비를 실제로 하지 않았을 경우, 이를 이미 쓴 것으로 생각하고 그 금액만큼 저축을 추가하는 것이다.

박소민(32세, H기업) 대리는 적은 월급에도 일주일에 한 번은 가계부를 쓸 정도로 돈을 열심히 관리하는 직장인 중 한 명이다. 여행이 취미라는 그녀는 몇 차례 해외여행을 다녀왔고, 우리나라 구석구석 웬만한 명소는 가보지 않은 곳이 없을 정도로 스스로를 여행 마니아로 부른다. 여행을 좋아하니 당연히 돈은 많이 모으지 못했을 것으로 생각했는데, 지난 5년간 평균 연봉(3,500만 원)의 60퍼센트 가까운 돈을 모아 1억 원의 여유 자금을 갖고 있었다. 그녀가 저축을 통해 1억 원의 목돈을 만들 수 있었던 데에는 부모님과 생활하면서 고정비를 절약할 수 있었고, 절약형 여행 스타일이라는 것을 고집했고, 선(先)저축 습관과 자신만의 독특한 예산 관리법 때문이었다.

그녀는 사회 초년생 때부터 자신의 소비 생활 중 많은 부분이 쇼핑과 외식 등 변동지출에서 일어난다는 사실을 깨닫고, 변동지출 중 아주 적은 금액이라도 절약하고 이 돈으로 좋아하는 여행이나 1년에 단 한 번 값비싼 선물을 자신에게 주기로 했다. 그런데 이를 위해 그녀가 택한 저축법이 좀 독특했다. 바로 '쓴 셈 치고 저축법'이었다.

쓴 셈 치고 저축법

우리가 살다 보면 원래 쓰기로 한 돈이었는데, 어떤 이유로 안 쓰고 돈이 '굳을 때'가 있다. 그런데 이때 실제로 썼다고 생각하고(이미 지출 예산으로 잡아 둔 돈이기 때문에) 소비 통장에서 저축 통장으로 이체해버리는 방식이 바로 '쓴 셈 치고 저축법'이다. 소민 씨의 경우 이렇게 모은 돈으로 여행 자금을 마련했다. 예를 들어 팀 회식으로 점심을 먹고 점심값을 따로 내지 않아도 되던 날, 그녀는 점심 식사비를 낸 것으로 생각하고 그 돈을 예비 통장으로 이체했다. 쇼핑할 때도 특정 물건을 구입하려고 계획을 잡아 뒀다 마음에 드는 것을 구하지 못했을 때 이 또한 그냥 샀다 셈 치고, 그 금액을 예비 자금 통장으로 이체를 해버렸다.

그녀는 이러한 패턴을 반복하면서 재미있는 사실 하나를 깨

달았다. 처음에 들었던 강렬한 소비 유혹이 며칠이 지나면 사라지고 물건에 대한 애착도 줄어든다는 것이었다. 그때부터 그녀는 딱 3일만 참아 보기로 했다. 실제로 그 순간의 유혹을 이겨냈더니 귀찮아서라도 구매를 덜 하게 되었다. 비슷한 이유로 인터넷 쇼핑도 한 번의 클릭으로 쉽게 구매할 수 있는 간편 결제 방법을 놔두고 결제할 때마다 신용카드 번호를 하나씩 입력하는 방식으로 일부러 번거로움을 만들었다. 불편한 만큼 결제 횟수가 줄어들고, 이를 다시 쓴 돈으로 생각하니, 그만큼 돈이 더 불어나는 경험을 하게 된 것이었다.

아주 간단하지만 충분히 고개가 끄덕여지는 솔루션이었다. 심지어 그 방법이 재미있게 느껴지기도 했다. 그래서 필자는 이 저축법을 두고서 '쓴 셈 치고 저축법'이라는 이름을 붙여 주었다. 소민씨는 이렇게 해서 절약한 돈이 지난 1년간 180만 원으로 해외여행을 한 번 다녀올 만큼의 큰돈이 되었다고 했다.

'쓴 셈 치고 저축법'은 자금을 모으기 위해 생활 예산을 일부러 줄이는 고통을 감수하지 않아도 된다는 것이 핵심 장점이다. 결혼이나 주택, 노후 자금처럼 정해진 목표의 금액을 정기적으로 모으는 방법이 아니고 여행이나 기념일 쇼핑을 위해 푼돈 모으듯 하는 것이기 때문에 마치 선물 같은 돈을 만들 수 있다.

이번 얘기는 복잡하지도 번거롭지도 않다. 그리고 오늘 당장 실천으로 옮길 수도 있다. 마치 행운을 만나는 것처럼 공돈이 생기는 기분도 든다.

쓴 셈 치고 저축이 가능한 사람인지 확인해보는 방법으로 몇 가지 항목을 뽑아보았다. 보면 알겠지만 일상에서 매일 일어나는 일 중 한 번쯤 생략해도 무방한 것들이다. 이렇게 해서 모을 수 있는 돈이 얼마나 되는지 한 번 적어보자. 그러면 내가 얼마를 더 저축할 수 있는지도 알게 된다.

1. 일주일에 커피는 몇 번 사 먹고 평균 사용하는 금액은 얼마인가?
   (   )원

2. 일주일 중 하루라도 커피를 줄이면, 한 달 동안 사 먹은 셈 치고 저축할 수 있는 금액은 얼마인가? (   )원

3. 하루 평균 점심값은 얼마나 드는가? (   )원

4. 일주일에 하루만이라도 도시락을 싸서 다닌다면 한 달 동안 저축할 수 있는 금액은 얼마인가? (   )원

5. 올해 계획하는 여행 경비는 얼마인가? (   )원

5. 내 집 갖기 데드라인, 결혼 후 5년

그동안 우상향하는 집값 추이를 고려했을 때, 결혼 후 5년 이내 내 집 장만을 하는 것이 가장 좋다. 이때 장만할 집은 결혼 후 15년 동안 모을 수 있는 저축액을 고려해 결정한다. 물론 대출받는 것을 기본으로 하기 때문에 대출액은 집 값의 20% 이하가 되는 것이 좋다.

자수성가형 부자들의 특징을 살펴보면 대부분 내 집 마련의 시기가 다른 사람들에 비해 빨랐다는 것을 알 수 있다. 우리나라의 주택 가격은 알다시피 지난 40년 동안 꾸준히 상승세를 유지해 왔다. 몇 년 전까지만 해도 각종 부동산 규제 정책이 쏟아졌지만 여전히 상승 압력은 높다(2022년 후반기부터는 상황이 조금 달라지고 있다). 이 같은 추이가 왜 생기는지 지리적으로 살펴보면 좀 더 분명하게 그 이유를 알 수 있다. 우리나라는 알다시피 산이 많은 지형이다. 그래서 평지를 중심으로 사람들이 사는 곳이 만들어졌고 여기서 필연적으로 도시가 형성되었다. 즉, 국토의 16.7%인 도시 면적에 전 인구의 92%가 살고 있다 보니 도시를 중심으로 집값이 우상향 되는 것은 숙명과도 같은 일이다. 집이란 필수 재화이기 때문에 언제 다시 상승할지 알 수 없다. 이런 상황에서 1주택 마련을 미루거나 등한시한다면 당연히 경제적 안정은 불가능하다. 그러므로 매월 반복되는 월 지출과 저축 관리의 최우선 목표는 바로 내 집 마련이 되어야 한다.

내 집 마련 적정 시기

빠르면 빠를수록 좋겠지만 내 집 장만이라는 숙제를 언제까지 해결하는 것이 적당할까?

과거에는 자녀들이 중고등학교에 진학하기 시작하는 시기인 결혼 후 15년을 내 집 마련의 골든 타임으로 꼽았다. 그때는 지금보다 경제 성장률이 높았던 시기인 만큼 이자율도 높았다. 그래서 대출을 집값의 30% 이내로만 받고자 한다면, 나머지 70%의 돈을 마련할 때까지 내 집 장만을 미뤘다. 이게 대략 결혼 후 15년 정도가 되었다. 하지만 최근 10년 정도의 상황을 보게 보면 오랫동안 금리가 낮았고 집값이 빠르게 올라가는 현상을 학습했기 때문에, 소득 대비 집값이 터무니없이 높다 하더라도 대출을 통해 과감하게 집을 사는 게 현명한 선택으로 생각되었다.

주택이란 가격이 낮다고 해서 수요가 늘고, 반대로 가격이 높다고 해서 수요가 줄어드는 탄력적 성격을 갖고 있지는 않다.

즉, 주택의 가격과 수요는 비탄력인 특징을 갖고 있어서 일시적으로 금리가 올라가고 수요가 꺾인다 하더라도 언제 다시 금리가 떨어지고 집값이 올라갈지 아무도 모를 일이다. 앞으로의 경제 상황이 어떻게 될지 예측하기는 어렵지만, 어찌 됐건 무주택으로 있는 기간이 길면 길수록 불리할 수밖에 없다.

주택 가격은 최근(2022년 하반기)의 금리 인상기를 제외하고는 대체로 인플레이션을 헷지하고 장기적으로 경제성장률과 인플레이션 이상으로 유지되는 경향이 있었다. (2022년 하반기 고금리 상황으로 인한 주택을 포함한 자산 가치의 하락은 코로나19와 미국의 인플레이션이라는 예외적 상황 때문이라고 가정해 보자.) 즉, 저축의 속도가 주택 가격 상승률을 따라가기 어려워서 주택 마련은 저축을 하는 것만큼이나 중요했다. 이런 상황에서 일찍부터 내 집 마련의 시기를 앞당긴 자수성가형 부자들은 남보다 빨리 경제적인 안정에 도달했다.

2008년 12월 미국이 금융 위기 극복을 위해 천문학적인 달러를 시장에 풀고 금리를 0.2%까지 낮추는 사상 초유의 양적완화 정책이 시장에 나왔을 때, 자수성가형 부자들은 실물 자산에 하루라도 더 빨리 투자해야 한다는 사실을 알고 있었다. 결과적으로 금융 위기 이후 세계 주요국의 금리가 낮아졌고 경제 성장률도 과거처럼 큰 폭으로 오르지 못했고 저성장의 기조는 계속되었다. 자산 가치는 결국 상승했다. 따라서 최근 20년, 30년의 상황을 봤을 때 내 집 마련의 '골든 타임'을 결혼 후 15년으로 볼 게 아니라, 결혼 후 5년이라고 보는 것이 더욱 적절하다. 다만, 5년 안에 구입한 주택이 앞으로 계속 살게 될 집이라고 생각할 필요는 없다. 일단은 최초의 주택이라는 의미가 좀 더 크다. 이후 자금의 규모를 키워가면서 집의 크기도 함께 늘려가면 된다.

집 사는 데 빚은 어느 정도

집은 생활의 안정은 물론이고, 비상시 안전 자산의 역할도 기대할 수 있다. 집을 팔지 않아도 대출을 통해 자금을 융통할 수도 있고 집을 줄여 일부 노후소득으로 활용할 수도 있다. 특히 아파트는 부동산이 아니라 현금이라고 봐도 무방하다. 통상 부동산을 말할 때 가장 큰 약점이 바로 현금으로의 환금성인데, 우리나라에서 아파트는 부동산임에도 현금화가 굉장히 쉬운 주거 상품이다.

남들보다 빨리 내 집 마련에 성공했다고 해서 부자 되기의 모든 것이 해결되었다고 말할 수는 없다. 대출을 통한 내 집 마련에 성공했다 하더라도 진짜 집주인이 되는 시기를 앞당기기 위해서는 당연한 얘기지만 대출을 빨리 갚는 것이 중요하다. 진짜 집주인(레알 소유주)이 되려면 내 집에 대출이 최소 20% 이하이어야 한다. 즉, 6억 원짜리 집이라면 내 소유지분이 4.8억 원은 되어야 한다는 얘기다. 만약 대출 비율을 집값 대비 20% 정도로까지 낮추고 이자도 높지 않다면, 대출금을 강박적으로 상환하는 것보다 다른 투자처로 돈을 넣어 두는 것도 괜찮다.

언제까지 갚는 것을 목표로 해야 할까

누구나 처음부터 100% 자기 돈으로 집을 사는 경우는 드물다. 대부분 빚(통상 주택담보대출)을 끼고 집을 산다. 그렇다면 언제까지 갚는 게 바람직할까? 결혼한 경우라면 결혼 후 15년, 비혼이라면 50세 전까지 대출이 집값의 20% 이하가 되도록 채무를 관리하는 것이 바람직하다. 그렇다면 왜 15년일까? 필자가 많은 직장인들을 만나 보았지만 소득은 그야말로 천차만별이다. 월소득 3백만 원부터 월 3천만 원까지 정말 다양하다. 그런데 아이러니하게도 소득 규모와 상관없이 결혼 후 15년쯤이 되면 저축이 쉽지 않다(이유는 앞에서도 얘기한 바 있다). 따라서 소득의 높고 낮음과 무관하게 결혼 후 15년 이전까지가 유일하게 내 집 마련과 대출 상환에 집중할 수 있는 시기가 된다.

싱글인 경우는 어떨까? 아이가 없다 보니 결혼한 부부보다 더 쉽다고 생각할 텐데, 싱글들은 대부분 본인 취미나 레저에 투자하는 비용이 상당하다. 따라서 싱글이라고 하더라도 내 집 마련은 경제 활동이 중단되는 65세보다 훨씬 전인 50세까지는 끝내는 것이 좋다. 즉, 대출을 받아 일찍 집주인이 되었다 하더라도 50세 전까지는 대출을 어느 정도 갚고 레알 집주인 수준으로 올라서야 한다.

부부 기준 월 얼마가 적절

현재 미혼인 최수연 씨(33세, A매거진 대리)는 6년 전 신입 사원일 때 첫 월급은 280만 원 정도였고, 지금은 월 320만 원의 급여를 받고 있다. 앞으로 얼마의 결혼 자금이 필요하고, 내 집 마련을 위해서 저축을 어느 정도 하는 것이 적당할까?

최수연씨의 경우 현재 급여의 50% 수준인 최소 160만 원을 저축액 목표로 삼아야 한다. 그런데 그녀가 3년 후에 결혼 계획이 있다고 가정해보자. 아직 배우자가 정해지지 않았다 하더라도 미래 배우자의 소득을 본인보다 1.25배(25% 높음)로 가정해서 설계를 해보자(남녀 사이의 소득 차이는 통계적 수치에 따른 가정이다). 이렇게 되면 배우자의 소득은 400만 원이 되고, 마찬가지로 소득의 50%인 200만 원을 저축한다고 하면, 수연씨와 합쳐서 월 360만 원을 저축할 수 있다.

이렇게 되면 내 집 마련을 위한 자금 목표는 배우자와 자신의 소득 50%인 360만 원을 15년 동안 모은 총 7억 7,203만 원이 되고, 여기에 최초의 전세 자금 3억(두사람이 결혼 전까지 모아둔 돈과 부모님의 지원금) 원을 합쳐 총 10억 7천만 원이 된다. 이런 재원을 가지고서 어떤 주택을 목표로 할지 생각하면 된다.

결혼 후 5년차에 집을 산다고 가정하면, 결혼 전 모은 돈 3억 원에 결혼 후 5년 동안 모은 돈 2억 1600만 원을 합쳐 총 5억 원 정도를 가지고서 앞으로 모으게 될 총 금액 10억 7천만 원 내외의 집을 사면 된다. 그런 다음 이를 재빨리 갚아 대출 수준을 집값 대비 20% 수준으로 낮출 수 있다면 앞서 얘기한 대로 레알 집주인이 될 수 있다.

그리고 내 집 마련 자금 목표 중 결혼 전 3억은 꽤 큰 금액이다. 누구는 결혼 전 3억이 없을 수도 있다. 그렇다면 전체 예산은 좀 더 낮춰서 내 집 장만을 목표로 해야 한다. 핵심은 부부 합산 어느 비율(50%)로 얼마(15년) 동안 모으는 걸 가정하고, 그때의 총 저축액을 고려해 내 집을 장만하느냐이다. 내 미래 소득에 대한 예상을 한 다음, 그 금액에 맞춰 대출을 받고 집을 사야 한다는 계산을 잊어서는 안 된다. 이는 일종의 마스터 플랜과 같다.

급여생활자에게는 월 목표가 가장 중요하다. 결국 월 현금흐름에 맞춰 돈을 쓰고 지출하기 때문에 일단은 월 몇 %를 주택자금으로 향후 15년에서 20년간 쏟아부을지 큰 마스터 플랜이 있어야 한다(당연한 얘기지만 대출상환 기간이 길면 길수록 내지 않아도 될 이자에 대한 부담도 클 수 밖에 없다. 그래서 처음부터 20년, 30년 상환을 계획하고 내 상환 수준 대비 고가의 주택을 구입하기 보다는 작게 시작해서 넓혀가는 것이 더 낫다).

내 집 마련의 시기는 향후 경제 상황에 따라 달라지겠지만 내 집 마련이라는 재무적 목표는 월 경제에서 가장 중요하게 취급되어야 하는 항목이다.

6. 꼭 필요한 인생의 5대 자금(1)

인생의 5대 목표를 해결하기 위한 5대 자금은 결혼자금, 독립자금, 주택마련자금, 자녀교육자금, 노후연금, 긴급예비자금이다. 가장 먼저 결혼과 독립자금 에 해당하는 1억 모으기를 최우선으로 해야 한다. 주택마련은 결혼 후 5년 안에 하되 향후 대출금은 집값의 20% 수준이 될 때까지 갚기를 멈추지 말아야 한다.

《이번 생은 처음이라》그리고《첫사랑은 처음이라서》라는 드라마 제목처럼, 너무나 당연한 말이지만 누구에게나 인생은 한 번뿐이고 앞으로 겪게 되는 모든 일이 다 새로운 일이다. 이런 인생에서 가장 중요한 것은 뭘까?

현실적인 삶을 고려하면 긴 호흡을 갖고서 장기적인 계획을 세워 놓는 것만큼 중요한 일도 없다. 하지만 인생 전체를 두고 장기 계획을 세우고 생활하는 사람이 몇이나 될까? 한 치 앞도 모르는 것이 인생인데, 무슨 계획이냐고 따져 물을 사람이 더 많을지도 모르겠다. 하지만 알면서도 다들 안 하는 일을 꼭 해내는 사람이 있다. 바로 그런 사람이 성공하는 사람이며 자수성가형 부자들이다.

행복의 수식

인간의 행복에 영향을 주는 것은 두 가지뿐이다. 바로 결과와 기대이다. 행복하려면 결과가 좋으면 된다. 다만 아무리 결과가 좋다 하더라도 기대가 더 크다면 행복은 줄어들 수밖에 없다. 이 원리를 수식으로 표현하면 다음과 같다.

$$\text{행복} = \frac{\text{결과}}{\text{기대}}$$

위의 수식으로 봤을 때 행복은 결과로만 값이 매겨지는 것이 아니라 반드시 기대와 함께 평가될 때 정해진다. 이는 곧 행복이 절대적인 것이 아니라 상대적인 것임을 말해준다. 100점을 기대했지만 90점을 맞은 학생보다 70점을 기대했지만 80점을 맞은 학생이 더 행복할 수 있다는 얘기다. 그렇다고 무작정 낮은 기대만 할 수는 없다. 너무 낮은 기대는 낮은 목표가 되면서 결과 값을 올리려는 노력과 의지를 낮추기 때문이다. 따라서 적정한 기대와 적정한 목표만큼 중요한 것은 없다. 기대와 목표는 살아가면서 자신의 상황과 환경에 따라 조금씩 변하기 마련이다. 우리가 살면서 통상적으로 갖게 되는 기대와 목표를 총 다섯 가지 즉, 인생의 5대 목표로 분류하고, 각각의 돈 관리 기준을 한번 세워 보자. 이 책의 마지막 정리라고 할 수 있다.

그러면 인생의 5대 목표 무엇일까? 바로 결혼, 자립, 내 집 마련, 자녀의 성공, 안정된 노후, 병과 실직 없는 인생이다. 이 다섯 가지는 다시 결혼자금, 독립자금, 주택마련자금, 자녀교육자금, 노후연금, 긴급예비자금 등으로 바꿔 부를 수 있다. 이 다섯 가지 자금은 1년에 한 번씩 습관처럼 점검해야 하는 것으로 현재 상황은 어떤지, 내가 정한 금액은 적절한지, 여러 경제 상황 등을 고려했을 때 목표치를 높여야 하는 것은 아닌지 등을 체크하는 데 쓰일 수 있다. 하나씩 살펴보자.

결혼 및 독립자금

사회 초년생은 첫 월급을 받는 순간, 앞으로 이 돈을 어떻게 관리해야 할지 고민한다. 통상은 부모님이 돈 관리 요령을 가이드해주지만 요즘은 워낙 트렌드 변화도 심해 부모님이 알고 있는 것이 상식 수준밖에 될 가능성이 훨씬 높다.

필자는 90년대 말 직장 생활을 시작했는데, 그때는 평균 결혼 연령이 20대 후반 정도여서 누구나 사회생활을 시작하고 나서는 결혼을 가장 중요한 목표로 삼았다. 자연스럽게 누가 가르쳐 주지 않아도 결혼자금 마련이 돈을 모으는 제1 목표가 되었다. 하지만 지금은 결혼 연령이 평균 30대를 훌쩍 넘어, 30대 중반에 이르다 보니 20대 후반에 직장 생활을 시작한다 하더라도 결혼자금 마련이라는 목표는 희미해지고, 대신 취미 활동 등으로 돈을 쓰는 경우가 훨씬 많아졌다. 그리고 1인 가구로의 홀로서기를 생각하다 보니 결혼보다 독립에 대한 자금 목표를 우선적으로 갖고 있다. 그래서 인생의 첫 번째 자금 목표는 결혼자금 혹은 독립자금이라고 할 수 있다.

결혼자금 또는 독립자금은 대부분 신혼집을 마련하거나 혼자 거주할 집 마련에 사용되는데, 이렇게 만든 전세자금은 향후 주택 마련을 위한 종잣돈이 된다. 따라서 결혼자금 또는 독립자금을 빨리 많이 모을 수 있다면 그만큼 미래에 대한 내 집 마련도 앞당길 수 있게 된다. 그런 의미에서 결혼 및 독립자금과 주택마련자금은 결국 시기만 다를 뿐 하나의 연장선 위에 있는 돈이라 할 수 있다.

일단, 결혼자금은 개인마다 천차만별이다. 먼저 결혼식 비용은 화려하게 하고자 한다면 끝도 없이 많이 들어가는 돈이지만, 아끼려고만 하면 또 거의 들지 않는 돈이기도 하다. 요즘은 여러 가지 이유로 스몰웨딩이 대세로 결혼식에 들어가는 비용은 되도록 줄이고, 이를 신혼집이나 신혼살림 마련에 쓰는 게 요즘 청년

들의 트렌드다.

최근에 결혼한 평범한 30대 직장인 부부 이윤미(신부 33세)씨와 이형섭(신랑 34세)씨 사례를 참고해 보자. 윤미씨와 형섭씨의 결혼 자금 합계액은 총 3억 845만 원이었다. 이중 상당수는 신혼집 마련에 들어갔다. 전세금은 2억 3천만 원으로 전체 자금에 74.5%를 차지했다. 부부는 결혼하면서 양가 부모님으로부터 각각 5천만 원씩 총 1억 원을 지원받았다. 그러니 실제로 들어간 비용은 1억 원을 뺀 2억 845만 원이었다.

이 돈이 바로 윤미씨와 형섭씨가 순수하게 모은 결혼 자금이라 할 수 있다. 둘은 직장 생활을 한지 각각 7년과 6년이 되었는데, 그 동안 얼마를 모은 걸까? 두 사람은 연봉도 다르고 일한 기간도 다르지만, 평균으로만 따져 보면 지난 6~7년간 한 사람 당 월평균 130만원 정도를 모은 게 된다. 각각 평균 1억 원 정도를 모아 결혼을 한 셈이다. 개인마다 차이는 있을 수 있지만 결혼자금은 인당 평균 1억 원 정도는 필요하다고 보면 된다. 이는 독립을 한다고 하더라도 마찬가지다. 최소 1억 원은 있어야 전세자금 대출을 받고, 대출금 자체도 최소화할 수 있다. 따라서 사회초년생이라면 결혼 또는 독립자금으로 1억 만들기를 제1의 목표로 삼아야 한다.

주택마련자금

결혼자금 또는 독립자금 마련 후에는 종잣돈의 규모를 키워 적당한 시점에 내 집 마련을 해야 한다. 주택이란 인간이 갖는 가장 기본적인 필요재이며 우리나라에서는 자산의 의미가 크기 때문에 내 상황에 맞는 주택 마련 전략은 매우 중요하다. 그래서 1년에 한 번 자신의 주택마련 목표를 점검하고 수정, 재설정하는 것이 필요하다.

그동안의 가파른 집값 상승은 내 돈을 모아 주택을 구매하기보다는 대출을 받아 가능한 한 빨리 주택을 소유하고 나중에 대출을 갚는 방법을 선호하도록 하는 학습 효과를 만들었다. 물론 미래를 100% 예단하기는 어렵지만 이자율이 과거와 같이 높은 수준으로 복귀되지 않는 한 이 방법은 여전히 효과적인 방법이 될 가능성이 높다.

주택자금 마련의 목표를 정할 때는 언제까지 달성할 것인지의 시기적 목표 즉, 집을 사는 시점과 대출을 완전히 갚고 레알 내 집이 되는 시점을 정해 자금 계획을 짜는 것이 좋다. 그래서 내 명의의 주택이 있다고 해서 내 집 마련에 성공했다고 생각해서는 안 되고, 대출이 집값 대비 20% 이하가 될 때까지는 계속해서 자금 확보에 주력해야 한다.

그리고 최초 주택을 얼마나 빨리 소유하는가도 중요한데, 이는 결혼 후 5년 안에 해결해야 한다고 여러 번 강조했다. 당장 내 집에 들어가 거주하지는 못하더라도 전세를 끼고 집을 소유하는 갭투자나 청약저축통장을 통한 신규 분양 등으로 내 집 장만의 속도를 높여 볼 수도 있다. 청약의 경우 당첨이 된다 하더라도 실제 입주까지 2년 6개월에서 3년이 걸리고 분양금도 일시에 지불하는 것이 아니라 계약금(분양가의 10% 수준), 중도금(분양가 60% 수준), 잔금(분양가의 30% 수준)으로 분할 납부하기 때문에 조금은 부담을 덜며 내집 장만의 꿈을 이룰 수 있다. 다만 지금(2022년 하반기)처럼 집 값 하락기에는 신규 분양을 받거나 갭투자를 하는 것에 좀 더 주의를 기울일 필요가 있다. 원칙은 없다. 경제 상황에 따라 주택 소유 시기나 방법은 유동적일 수밖에 없다. 앞서 배운 대로 정보를 해석하고 적절한 의사결정을 진행하는 결단력이 중요한 이유가 바로 이 때문이다.

이어지는 글에서 자녀교육자금과 노후자금 그리고 긴급예비자금 마련과 점검에 대해 살펴보자.

7. 꼭 필요한 인생의 5대 자금(2)

인생의 5대 자금 중, 자녀교육자금과 노후자금 그리고 긴급예비자금의 내용을 살펴보자. 자녀교육자금은 소비를 늘리지 않는 통제가 중요하다. 노후자금은 원활한 현금 흐름 창출이 중요한데 순생활비의 1.5배 정도는 있어야 한다. 긴급예비자금은 월 소득의 3배가 적당하다.

자녀교육자금

이제 막 사회생활을 시작하는 젊은 직장인에게 자녀교육자금은 먼 나라 얘기 같지만, 요즘은 유아 때부터도 꽤 많은 특별 활동이나 예체능 학습 그리고 외국어 교육 등으로 만만치 않은 교육 자금이 들어간다. 더군다나 하나 내지 둘 정도의 자녀를 갖는 경우가 대부분이라 아낌없는 투자를 한다고 표현해도 틀린 말이 아니다.

자녀교육자금의 특징은 특정 시점에 한 번 필요한 자금이 아니라 일정 기간 여러 번 나눠 필요로 한다는 특징을 갖고 있다. 그리고 자금의 규모가 시간이 지남에 따라 점점 증가한다는 특징도 있다. 아무래도 초등학교보다는 중학교, 또 그보다는 고등학교나 대학교의 교육비가 클 수밖에 없기 때문이다. 그리고 필요한 자금 규모 대비해 대출이 쉽지 않다는 특징도 있다. 주택 마련은 주택담보대출을 이용해 집을 먼저 소유하고 오랜 기간 분할해서 원금을 상환하는 방법이 있지만, 자녀 교육을 명목으로 돈을 빌려주는 곳은 드물다.

우리나라에서 교육 자금이란 대부분 사교육비를 의미한다. 우리나라 초중고 학생들의 사교육 참여율은 74.8%이며 학생 1인당 사교육비는 월 42만 9천 원으로 조사되었다(2019년 통계청 발표). 이 평균치를 초중고 12년간 적용해 보면 자녀 한 명당 들어가는 사교육비는 총 6,177만 원이나 된다. 하지만 취학 전에 들어가는 비용, 대학에 가서 쓰는 비용 등을 고려한다면 실제로는 한 사람당 1억 원 이상이 소요된다고 할 수 있다. 이렇게 생각하면 주택자금에 자녀교육자금까지 부담해야 할 돈이 장난이 아닌 수준이 된다. 그러니 아이를 키우면서 아이에게 소요될 교육자금을 따로 준비한다는 것은 거의 불가능에 가깝다.

그러면 어떻게 준비해야 할까? 필자는 소득 상승분으로만 해결해야 한다고 생각한다. 그러니까 급여가 오르는 등의 소득 상승 요인이 생기게 되면 소득이 늘어나는 만큼 다른 소비도 늘리지만, 교육비 지출(혹은 저축)로도 쓸 수 있도록 설계되어야 한다는 뜻이다. 그러다 자녀교육비의 지출이 본격적으로 많아지는 시점부터는 소득상승률 대비 일반 소비상승률은 줄이고 교육비 소비분을 늘려 균형을 맞추는 방식으로 돈을 운용해야 한다.

노후자금

노후자금은 특정 시점에 필요한 돈이라기보다는 특정 기간동안 필요한 돈이다. 과거에는 퇴직하면 퇴직금을 목돈으로 받는 것이 더 일반적이었다. 과거에는 높은 경제 성장률이 있었기 때문에 은행에 넣어두고 이자만 받아도 문제가 없었다. 그만큼 목돈의 가치가 엄청났다. 하지만 2000년 이후부터는 현금의 가치가 현저히 떨어지고 금리도 낮아지면서 목돈을 갖고 있느냐 없느냐가 중요한 것이 아니라 작은 소득이라도 꾸준히 생기느냐 그렇지 않느냐가 더 중요해졌다. 따라서 노후 준비는 일시적 자금을 어떻게 마련하느냐가 아니라 꾸준한 현금 흐름을 어떻게 만들 거냐를 더 중요하게 봐야 한다. 그래서 은퇴하기 전까지 얼마의 자금이라는 목표보다 생활비를 꾸준히 얻을 수 있는 소득 시스템 만들기를 노후자금(소득)의 목표로 해야 한다.

그러면 매달 얼마 정도의 돈이 필요할까? 현재 생활비에 최소 1.5배가 필요하다. 물론 생활비라는 것이 아주 기본적인 고정비를 제외하면 말 그대로 쓰기 나름이고, 쓰고자 한다면 한도 끝도 없이 늘어날 수 있기 때문에, 현재의 생활 수준을 노후에도 그대로 유지한다고 했을 때의 필요한 생활비로 이해하면 된다. 즉 현재의 생활 수준이 어느 정도 만족스럽다는 것을 전제로 노후에도 그대로 유지될 수 있을 만큼의 생활비이다.

예를 들어 보자. 현재 중소기업에 다니고 있는 김소윤씨(39세) 가정의 월 생활비는 고정비와 변동지출 그리고 기타지출 등을 다 합쳐 평균 408만 원이 든다. 이 생활비는 아주 강제적으로 소비를 억제하는 것이 아닌 일반적인(만족할 만한) 생활비이다. 이 생활비를 자세히 들여다보면 반드시 필요한 순생활비 부분과 지금은 필요하지만 노후에는 필요 없는 일시 생활비로 나눌 수 있는데, 노후생활비는 바로 이 순생활비를 기준으로 1.5배 정도의 돈을 말한다.

사회 활동은 이전보다 줄어들 텐데 왜 생활비는 1.5배이어야 할까? 여기에는 이런 비밀이 숨어 있다. 도시에서의 생활비는 고정지출보다 변동지출이 차지하는 비중이 훨씬 크다. 그 이유는 쇼핑이나 외식, 문화생활에 사용되는 비용이 상대적으로 커서 그렇다. 이 같은 변동지출은 여가 생활과 밀접하게 관련이 있다. 즉, 경제 활동이 주가 되어 움직일 때에는 일주일 중 5일은 일하고 주말 정도만 여가 생활을 즐겼다. 하지만 노후에는 이 같은 상황이 역전되어 4일 이상을 여가 생활에 투여하다 보니 의도치 않게 변동지출이 커진다. 그래서 순생활비 기준으로 1.5배 이하로는 현재 생활 수준을 유지가 힘들다는 계산이 나온다.

김소윤씨의 경우 대출이자, 교육비, 보험료 등을 제외하고 월 기준 248만 원이 순생활비에 해당하고 이 금액에 최소 1.5배인 372만 원이 노후에 필요한 소득이 된다. 현재 수입이 있는 상태에서의 한 달 전체 생활비인 408만 원보다 은퇴하고 소득이 없어지고 난 후의 생활비 372만 원이 훨씬 더 부담스럽다. 그래서 이 돈을 어떻게 마련할지 미리미리 고민을 해둬야 한다.

노후소득을 마련하는 데 있어 가장 중요한 것은 노후소득 발생 창구를 다양화하는 것이다. 노후소득은 안정성이 가장 중요하다. 그래서 많은 사람들이 임대소득을 선호한다. 조물주 위에 건물주라는 우스갯소리가 클 정도로 임대소득을 최고로 친다. 하지만 실상은 생각하는 것과 많이 다르다. 임대소득은 생각 외로 관리 노력을 많이 필요로 하고 공실 위험이 항상 존재하기 때문에 수입에도 변동성이 있을 수밖에 없다. 따라서 노후소득을 전적으로 임대소득에만 의지하는 것은 바람직하지가 않다.

많은 사람들이 선망하는 월세 수익 500만 원이 실제로는 어떤 의미인지 살펴보자. 도심에 있는 아파트에서 월세를 받는다면 월세 안정성이 매우 높지만 일반 상가 건물에서 임대료를 받는다면 사정은 좀 다르다. 임대료 변동성이 주택에 비해 높으므로 이런저런 관리와 공실 가능성을 고려한다면 임대료로 월 1천만에서 1천5백만원의 수준이 되어야 실제로 내 지갑으로 매월 5백만원 정도가 들어올 수 있다(평균적으로 봤을 때). 그러니 생활비가 3백만 원인데 임대료 수익은 3백만 원에 불과하다면, 생활은 늘 불안할 수밖에 없다.

그래서 소윤씨에게 가장 바람직한 노후소득 포트폴리오를 정리해보면 다음과 같다. 우선 금융소득으로 공적연금(국민연금, 기초연금)과 퇴직연금 그리고 개인연금과 같은 금융상품을 통해서 전체 필요 소득의 60% 정도를 마련하고 나머지 부동산(임대소득 등)과 활동소득으로 40%를 마련하는 방법이다. 이처럼 다양한 곳으로 노후소득이 만들어지도록 해두면 각 소득이 지닌 장단점이 서로 보완되면서 안정적인 자금 흐름을 만들 수 있다.

잠깐, 여기서 '활동소득'이란 생계형 경제 활동이 아닌 자아실현형 경제 활동이나 사회 참여를 통해서 생기는 작은 소득을 의미한다. 소득 자체의 의미보다는 은퇴 이후 사회 활동을 유지함으로써 건강한 노후 생활을 하도록 도와주는 소득을 말한다.

긴급 예비 자금

월급으로 생활하는 직장인들에게 예비자금은 약이 될 수도 있지만, 자칫 독이 될 수도 있다. 예비자금은 통상 질병과 실직 등을 위한 것이라 볼 수 있는데, 질병은 보험에서 커버가 된다고 보면 실직은 재취업이 되기 전까지의 원활한 현금 흐름이다. 이때 월소득의 3배 정도를 가지고 있다면 시간적인 여유를 벌 수 있다. 그런데 그게 아니라 사업을 계획하고 있다면 별도의 계획을 갖고서 돈을 모아야 한다. 예비자금은 말 그대로 실직이라는 부득이한 상황이 생겼을 때를 대비할 수 있을 정도의 자금을 말한다.

그런데 이 예비 자금이 정말로 긴급한 경우에 사용되는 것이 아니라 계획하지도 않은 지출에 쓰여 희생양이 되는 경우가 있다. 견물생심이라고 돈이 있다고 생각하면 괜히 더 좋은 차를 바꾸고 싶고, 어디 근사한 곳으로 여행을 가고 싶은 마음이 든다. 즉, 너무 많은 예비자금을 갖고 있는 것이 꼭 좋은 것만은 아니라는 뜻이다. 그래서 월급의 3배 정도가 적당하다.

이상으로 인생의 5대 자금을 짚어보았다. 우리가 1년에 딱 한 번 체크하는 습관으로 5대 자금의 점검이 중요하다고 했다. 다시 한 번 전체적으로 정리해 보자. 결혼 및 독립자금은 돈의 성격상 사회 초년생들에게 꼭 필요한 부분이고 결혼 이후에는 주택마련자금으로 이어져야 한다. 자녀교육자금은 성격상 지출 조정과 연결이 되고 늘어난 소득만큼만 쓸 수 있어야 한다. 노후소득자금은 다양한 소득창구를 마련해서 한 구좌에만 의존하는 위험성을 줄이는 것이 중요하다. 연금을 비롯한 금융소득에 임대소득 등이 적절히 섞인다면 불안정성이 어느 정도 해소된다. 긴급예 비자금은 항상 내 급여의 3배 정도를 세이브 해둔다고 생각하고, 사고(?)쳐서 꺼내 쓰는 일이 없도록 해야 한다.

부록

금융맹 확인하기

우리는 정보의 홍수 속에 살아간다. 초록색이든 파란색이든 검색 창에 단어만 입력하면 바로바로 궁금한 내용을 알려 준다. 그런데 이런 대중적이고 일반화된 정보가 정말로 금융맹(나아가 경제맹)을 탈출하는 데 도움이 될까? 사실 정보의 양보다는 정보를 해석하는 능력이 더 중요하다. 그런데 정보 검색의 편리함 때문인지 우리는 언제부터 스스로 생각하는 힘을 잃어버리기 시작했다.

검색 창을 통해 얻은 정보가 유용할 때가 많지만 항상 모든 상황에 적합한 것은 아니다. 일반적 정보를 가지고서 개별적인 나의 상황에 적용하는 것은 위험하다. 검색창의 함정은 일반화된 정보는 넘쳐 나지만 나에게 맞춤 된 정보는 찾기가 어렵다는 것에 있다. 일반화된 정보란 평균적 정보를 의미한다. 그래서 참고용으로만 사용해야지 검증 없이 그대로 받아들이면 문제가 된다.

영국과 프랑스의 전쟁 중 있었던 일이다. 후퇴하는 영국군을 프랑스 군이 맹렬히 쫓고 있었는데, 앞에 강이 나타났다. 강을 넘어서라도 가야 할지 말지를 놓고 격론이 벌어졌다. 오백 명의 군인들이 맨몸으로 강을 건너려면 강의 깊이가 어느 정도인지 알아야 했는데, 한 부관이 달려와 강의 깊이는 평균 1m 50cm이고 군인들의 평균 키는 1m 70cm이라고 보고했다. 이에 장군은 부하들에게 강을 건널 것을 명령했다. 하지만 강을 건너던 군인들은 강 중심에 이르러서 한두 명씩 빠져 죽기 시작했다. 강에 빠져 죽는 군인들이 점점 더 늘어나자 장군은 당황하고 그제야 회군을 명령했다. 하지만 이미 많은 군인이 목숨을 잃은 뒤였다. 알고 보니 이 강의 평균 수심이 1m 50cm인 이유는 강 언저리의 얕은 곳 때문이었고, 강 중심의 수심은 2m가 넘었다. 평균이라는 일반적인 정보가 낳은 웃지 못할 사례였다.

실제로 본인이 경험하고 생각해 본 지식과 인터넷을 통해 간접적으로만 알고 있는 지식은 하늘과 땅 같은 차이를 만든다. 경제와 금융과 관련해서 좋은 판단력을 갖기 원하면서, 증권 회사 홈페이지 한 번 방문해 본 적도 없고 내 손으로 펀드 상품 한 번 가입해보지 않았다면 어떻게 될까? 부동산 사이트에서 시세를 확인해 본 적은 있지만 직접 부동산 중개업소를 방문해 귀동냥 해본 적 없다면, 당신이 알고 있는 지식은 그냥 피상적인 지식에 불과하다고 봐야 한다. 최소한의 경험과 실천적 지식을 가지고 있어야 중요한 판단을 할 수 있다.

이번 장에서 간단한 테스트를 통해 나의 경제금융 지식수준을 알아볼 예정이다. 테스트 이후 나의 수준을 확인해보고, 스스로 체크하는 습관을 가지도록 해보자.

체크해보기

다음의 내용이 맞으면 ○ 틀리면 × 체크해보세요.

1) 매년 인플레이션이 2%라면 은행에 연 2% 이자율로 저축을 하더라도 내 돈의 실질 가치는 전혀 늘어나지 않는다.　　　　　　　　[　]

2) 금리가 앞으로 높아진다면 무슨 일이 일어날 것인가
　　ⓐ시중의 통화량이 감소하고 경기가 둔화될 가능성이 있다.　　[　]
　　ⓑ우리나라 돈 가치가 감소하므로 환율이 올라갈 가능성이 있다.　[　]
　　ⓒ기업들이 경영이 활성화되어 영업이익이 증가할 가능성이 있다.　[　]
　　ⓓ실물자산(비금융자산) 가격이 오르고 금융자산 가격은 떨어진다.　[　]

3) 이자율이 연 2%로 매월 1백만 원씩 1년 정기적금을 하는 것과 1년 예금 1천2백만 원을 하는 것이 원금은 동일하지만 이자 금액은 다르다.　　[　]

나는 예금의 이자와 적금의 이자를 정확하게 계산할 수 있다.　　[　]

4) 원달러 환율이 지금보다 앞으로 올라간다면 무슨 일이 일어날 것인가.

ⓐ원화의 가치가 하락한다는 것을 의미한다.　　[　]

ⓑ해외여행을 갈 때 비용이 더 늘어난다.　　[　]

ⓒ휘발유 소매가격이 올라간다.　　[　]

ⓓ수출기업들의 영업이익이 감소한다.　　[　]

5) 주가는 기업의 현재 시점의 시장 평가 가치를 의미한다.　　[　]

6) 국내주식시장에 3대 투자자는 크게 정부, 기관, 개인이다.　　[　]

7) 시가총액이란 기업의 발행주식 곱하기 현재 주가이다.　　[　]

8) 적금이나 예금의 이자에는 이자소득세와 지방세로 15.4%의 세금이 부과된다.　　[　]

9) 연봉이 올라갈수록 소득공제보다 세액공제의 혜택이 더 유리하다.　[　]

10) 연간 연봉의 30% 이상을 사용한 경우 그 초과분에 대해서 신용카드는 15%, 체크카드는 30%를 소득공제 해준다.   [　]

11) 주택의 전세 금액은 거주 가치를, 매매 금액은 보유 가치(투자가치)를 보여준다.   [　]

12) 토지, 상가, 건물, 아파트 중 현금화가 가장 용이한 것은 상가이다.   [　]

13) LTV란 주택을 구입을 위해 대출받을 수 있는 비율을 나타낸다.   [　]

위의 질문은 금리와 환율, 주식 시장과 부동산에 대한 기초적인 내용을 묻는 것으로 맞춘 개수가 15개 이상이 나온다면 경제 금융 상식이 매우 상식이 뛰어나다고 볼 수 있고, 10개 이상이면 보통 수준이다. 그런데 10개 미만으로 나온다면 상식이 아주 부족하다고 봐야 한다. 정답과 함께 풀이 해설을 통해서 다시 생각해 보도록 하자

1) 정답 ○. 인플레이션이 2%란 의미는 통화량이 증가하여 화폐의 실질적인 가치가 2% 감소했다는 것을 의미한다. 따라서 100원을 주고 살 수 있었던 물건은 이제 2%가 늘어난 102원을 주어야만 살 수 있다. 따

라서 이자율 2%의 은행 이자를 받아서 100원이 102원이 되었다고 해도 내 돈의 구매력은 100원이기 때문에 인플레이션과 금리가 같다면 내 돈의 실질적인 가치는 늘어난 것이 없다고 봐야 한다.

2) ⓐ 정답 ○. 금리가 올라가면 돈 빌리기가 어려워지고 덩달아 시중의 통화량은 감소하게 되고 경기는 둔화될 가능성이 있다.

ⓑ 정답 X. 금리가 올라간다는 것은 돈의 가치가 올라가는 것을 뜻한다. 우리나라 돈의 가치가 올라간다면 더 많은 외국 돈을 주고서 우리나라 돈과 교환할 수 있다.

ⓒ 정답 X. 금리가 올라가면 기업들의 금융비용이 증가하고 영업이익은 줄어든다.

ⓓ 정답 X. 금리가 올라가면 금융자산의 가격이 오르고 부동산과 같은 실물자산의 가격은 하락한다.

3) 정답 ○. 이자율 연 2%란 1년 동안 2%의 이자를 준다는 의미이므로 예금과 같이 한꺼번에 1,200만 원이 1년 동안 맡겨지는 경우와 적금처럼 매월 100만 원씩 불입해 1년이 지난 경우와는 원금이 같다 하더라도 이자 금액이 다를 수밖에 없다.

예금의 경우 이자 금액은 1,200만 원의 0.02 = 240,000원이 된다(이자소득세 15.4% 공제 후 203,040원). 적금의 경우 연2% 이자율을 지급하는 정기적금에 월 100만원 1년 만기로 가입할 경우 만기에 지급받는 이자 금액은 아래와 같다.

1회차 1,000,000원 연2% (0.02×20,000)

2회차 1,000,000원 연2% (0.02×18,333)

3회차 1,000,000원 연2% (0.02×16,666)

4회차 1,000,000원 연2% (0.02×15,000)

5회차 1,000,000원 연2% (0.02×13,333)

6회차 1,000,000원 연2% (0.02×11,666)

7회차 1,000,000원 연2% (0.02×10,000)

8회차 1,000,000원 연2% (0.02×8,333)

9회차 1,000,000원 연2% (0.02×6,666)

10회차 1,000,000원 연2% (0.02×5,000)

11회차 1,000,000원 연2% (0.02×3,333)

12회차 1,000,000원 연2% (0.02×1,666)

합계는 129,996원으로 적금의 경우 이자는 총 129,996원이 된다(이자소득세 15.4% 공제 후 109,976원).

4) ⓐ 정답 ○. 1달러를 교환하는데 1,100원이던 환율이 1,200원으로 올랐다면 우리나라의 원화가치가 떨어졌다는 것을 의미한다.

ⓑ정답 ○. 원달러 환율이 올라간다는 것은 달러보다 우리나라 돈 가

치가 낮아진다는 것을 의미한다. 동일한 외화를 교환하는데 더 많은 우리나라 돈이 들어간다는 것을 뜻한다.

ⓒ 정답 ○. 휘발유의 원료가 되는 원유는 100% 외국에서 외화로 수입해야 하는 것이므로 환율이 올라 우리나라 돈의 가치가 떨어지면 더 많은 우리나라 돈이 들어 가야하므로 값이 오르게 된다. 수입 물가는 올라간다.

ⓓ 정답 X. 수출기업이 수출하고 받는 동일한 달러라도 환율이 오르게 되면 더 많은 원화로 바꿀 수 있으므로 원화로 표시되는 이익은 늘어난다. 수출 물가는 상승한다.

5) 정답 ○. 주가는 매일 거래소에서 거래되면 가격이 달라진다. 결국 매일 시장에서 평가받는 시장가치가 주가인 셈이다.

6) 정답 X. 국내 주식시장의 3대 투자자는 외국인, 기관, 개인이다.

7) 정답 ○. 시가총액 = 시장거래가격 × 주식 수

8) 정답 ○. 이자에 부과되는 이자소득세 = 소득세 14%와 지방세 1.4%

9) 정답 X. 소득공제란 일정금액을 소득에서 공제하고 세금을 부과함으

로써 세금을 줄이는 방법이고, 세액공제는 일정금액에 일정한 비율을 곱해서 세금을 줄여주는 방법이다. 따라서 소득공제는 소득이 높을수록 유리하고, 세액공제는 소득과 관계없이 동일하게 적용된다.

10) 정답 X. 2022년 기준 연봉의 25%초과분에 대해서 신용카드 15%, 체크카드와 현금영수증은 30% 소득공제 혜택이 있다. 이 비율은 매년 바뀐다.

11) 정답 X. 주택의 전세자금은 사용가치(거주가치)를 나타내고 투자가치는 주택가격에서 전세금을 뺀 금액, 흔히 GAP이라고 하는 금액이다.

12) 정답 X. 현금화가 용이한 순서는 아파트, 상가, 건물, 토지 순이다.

13) 정답 O. LTV(Loan to Value)로 주택담보인정비율이라고 한다. 집값 대비 얼마를 빌릴 수 있는지의 비율이다. LTV는 지역에 따라 사람(수입)에 따라 다르게 적용된다.

실천하기

아래 내용도 살펴보고 실제 따라도 해보자.

1) 증권회사 방문, 위험 적합성 진단과 계좌 개설하기

- 증권회사와 은행의 차이점은 무엇인가

- 증권회사에서 만들어 주는 계좌 CMA는 은행통장과 무엇이 다른가

- CMA는 어떤 종류가 있고 어떤 차이점이 있는가

- 증권회사의 HTS홈트레이딩시스템을 활용해 보자

2) 시가총액 상위 10위 회사 기본 재무현황 살펴보기

(증권회사 HTS뿐만 아니라 인터넷 포털 사이트에서도 조회가 가능하다.)

- 현재주가, 주당순이익, 주가수익비율, 주가순자산비율, 자기자본수

익률 보기

- 최근 공시내용 읽어보기, 최근 주가 흐름과 공시의 관계 살펴보기

3) 부동산 중개업소 방문하기(본인 주거지 또는 관심 지역)

- 본인 주거지역 매매, 전세, 월세 시세 알아보기

- 관심지역 매매, 전세, 월세 시세 알아보기

- 중개업소에 공인중개사의 지역투자 전망 경청

4) 경제 관련 입문서 1권 선정하고 읽어보기

5) 한국은행 홈페이지 즐겨찾기 추가하고 통화 정책 내용 확인하기

　- 한국은행 금요강좌 월 1회 시청해보기

　- 한국은행 통화정책 관련 게시글 읽어보기

　- 한국은행 통화정책 관련 통계자료 읽어보기

　- 한국은행 경제보고서 읽어보기

15억 작은 부자 현주씨의 돈 관리 습관

: 국민경제멘토 김경필이 알려주는

초판 1쇄 발행 2023년 2월 13일
초판 5쇄 발행 2024년 9월 2일

지은이 김경필

발행인 김옥정
편집인 이승현
디자인 유어텍스트

펴낸곳 좋은습관연구소
주소 경기도 고양시 후곡로 60, 303-1005
출판신고 2019년 8월 21일 제 2019-000141

이메일 buildhabits@naver.com
홈페이지 buildhabits.kr

ISBN 979-11-91636-50-5(13320)

좋은습관연구소에서는 누구의 글이든 한 권의 책으로 정리할 수 있게 도움을 드리고 있습니다. 메일로 문의주세요.